ENSEIGNER À VIVRE

教育为人生

变革教育宣言

[法]埃德加·莫兰 著

刘敏 译

Manifeste
pour changer
l'éducation
Edgar Morin

北京师范大学出版集团
BEIJING NORMAL UNIVERSITY PUBLISHING GROUP
北京师范大学出版社

/ 致本书/

当前至关重要的是：把我们生活中可能出现的多种风险融入教育的过程，承认我们人类所有的复杂性——不论是单一的还是多元的，充分理解他者与我们之间的相似性和差异性，学会面对未来日益增加的不确定性，建立地球命运共同体的意识。

——埃德加·莫兰，2022 年 8 月 5 日

/ 可能的领域 /

我们的社会正在经历深刻的危机，这一点显而易见。生态破坏、社会排斥、毫无节制地开发自然资源、狂热且不人道地追求利益、不平等不断加剧都是当代重要的议题。

但是，在世界各地，人们不分男女都在围绕创新和革新展开行动，旨在为未来寻找新的契机。办法是存在的，在世界各地小范围内经常性地出现一些新鲜的建议，其目标都是引领一场真正的社会运动和变革。

　　本书延续了一个三段论，不仅注定教育系统的改革，而且注定教育系统的超越。这意味着不仅那些应该被超越的也应该被保留，而且那些应该被保留的也应该被复兴。这就要求重新思考（教育的）功能——我更愿意说是教师的使命——还要重新思考教育的内容。如果教育按照卢梭的说法是"为人生"，那么我们就要检测当前教育中在解决生活问题时还有哪些无力和缺失的地方。比如，每个人都会遇到如何面对错误、假象、不公、人文理解和不确定性等问题。

　　这本书不仅概括了之前的观点，还论述了当前互联网时代人生的意义。在今天的文明中，我们经常被解除了武装，甚至自身被工具化；从地球历史的角度看，我们的今天属于"人类世"，从人类社会历史的角度看，今天属于经济全球化的时代。

在纪尧姆·萨尔泰(Jérôme Saltet)热情的激励下，我满怀信仰和热情投入本书的写作。萨尔泰是《玩转会考》(Play Bac)的联合主编，他本人也意识到人类学在教育中的作用。得知本书将在"可能的领域——南方行动"丛书中作为"改变教育系列"的第一本书出版，我的信心被鼓舞起来了，这是一套反思和解决关系着我们教育系统的各类诸多问题的书。在此感谢让-保罗·卡皮塔尼(Jean-Paul Capitani)和弗朗索瓦·尼桑(François Nyssen)，是他们让我了解这套书。感谢让-保罗·杜绪尔(Jean-Paul Dussaure)、迪迪埃·莫缕(Didier Moreau)、让-弗朗索瓦·萨布莱(Jean-François Sabouret)，他们在法语的"荒漠"中撒下了埃德加·莫兰知识基金会的种子。

感谢我忠诚的朋友在这条没有方向的道路上一直陪伴我(西班牙语：没有路，路是走出来的)，他们是让-路易·勒·莫涅(Jean-Louis Le Moigne)、莫罗·瑟鲁提(Mauro Ceruti)、萨巴·阿布萨拉姆(Sabah Abouessalam)、詹鲁卡·博基(Gianluca Bocchi)、塞吉尔·芒吉(Sergio Manghi)、奥斯卡·尼克劳斯(Oscar Nikolaus)、帕斯卡·罗吉罗(Pascal Roggero)、尼尔森·瓦雷若(Nelson Vallejo)、阿尔弗莱德·佩纳·维嘉（Alfredo Pena Vega）、赛沙·阿尔梅达（Ceiça Almeida）、埃米利奥·罗杰·休拉纳(Emilio Roger Ciurana)、阿娜·桑切斯(Ana Sanchez)、克洛德·法代尔(Claude Fadel)、特蕾莎·萨利纳斯(Teresa Salinas)、鲁本·雷那加(Ruben Reynaga)、卡洛斯·德尔加多(Carlos Delgado)，还有我想不起名字的朋友们。

最后，再次感谢我生命的伴侣，我的妻子萨巴·阿布萨拉姆，她的爱、情意和勇气给我生活的热情，没有她，我定会颓废甚至失败。

埃德加·莫兰

我们把汉斯·乔纳斯(Hans Jonas)关于我们要留给后代的残破星球的说法和热姆·桑普兰(Jaime Semprun)对教育无能的担忧的描述不可分割地联系在一起：

我们要留给子孙一个怎样的星球呢？

———汉斯·乔纳斯①

我们要给世界留下怎样的人类子孙呢？

———热姆·桑普兰②

① Hans Jonas, *Le Principe de responsabilité : une éthique pour la civilisation technologique*, Les éditions du Cerf, 1990. Traduit de l'allemand par Jean Greisch.

② Jaime Semprun, *L'abîme se repeuple*, éditions de l'Encyclopédie des Nuisances, 1997.

目　录

/ 一、生活 /

1. 何为生活?

> 等到要学习生活的时候,就已经晚了。
>
> ——路易斯·阿拉贡[1](Louis Aragon)

让-雅克·卢梭(Jean-Jacques Rousseau)在《爱弥儿》一书中谈起他的学生时,曾这样描述教育的意义:"生活,正是我要教会他的东西。"[2]这种表述实则有

---

[1] Louis Aragon, *La Diane française*, L. P. Seghers, 1944.

[2] Jean-Jacques Rousseau, *Émile ou De l'éducation*, Livre I: *L'Âge de la nature*, chez Jean Néaulne, 1762, p. 13.

点过头，因为我们只能帮助别人学会生活。随着阅历的增加，人们慢慢学会生活，起初有父母的帮助，后来则借助教育者，当然还有书籍、诗歌以及与他人的接触。

生活，既是作为面对种种私生活问题的个体的生活，也是作为国家公民，乃至人类一员的生活。当然，生活中必须要学会阅读、写作、计算；此外，学习文学、历史、数学、自然科学则有助于个体融入社会生活；文学教育尤其有用，因为它既可以增强人们对于生活的敏感度，又可以发展认知；哲学教育则激发头脑的反思能力；当然，专业的学习对于职业生活来说也是必不可少的。但是，我们对于人作为个体、公民及人类一员的整体的本质问题的讨论越来越少。

生活是一场探险。每一个人，从童年到小学，再到满怀憧憬和叛逆的青年，在人生各个阶段每一次为爱情、家庭、工作等做出选择的时刻，直到生命的结束，都可能犯错，出现错觉，或者得出片面或错误的认识。

（很多）中小学和大学只传授知识，不传授认知的本质，后者本身包含着错误和错觉的可能性，因为所有认知，从感觉到形成文字、概念、理论、信仰，都是对现实世界的翻译和重构。所有的翻译和重构都有可能出现偏差（意大利语：翻译即叛逆）。一直以来，我们都可能在毫不知情的情况下犯错。因此，我们注定需要阐释，需要掌握那些可以让我们的感觉、想法和世界观尽可能可靠的方法。

此外，当我们审视过去数百年来那些包括来自自然科学的确凿结论，当我们审视20世纪的定论，总会发现一些本以为可以避免的偏差和错觉。但没有任何迹象表明我们已经对新的无意义错误、偏差或不会被检测到的错觉产生了免疫。而且，对于复杂问题辨别能力的缺乏，以及过多出现的割裂、分散、局部或片面的知识，本身都是造成错误的源泉。所有这一切都向我们证明了一点：经济全球化时代，作为个体、公民和人类一员而存在的我们，生活中一个关键的问题就是认知。人们四处传授知识，却很少教授认知，与此同时，越来越多的研究开始深入这一神秘领域，其中就包括人的大脑和精神。

所以从一上学到大学的教育都有必要引入认知知识。所以，"为人生"的教育不仅仅是教阅读、写作和计算，也不仅仅是教历史、地理、社会科学和自然科学的基本知识。"为人生"的教育既不着重于定量的知识，又不偏向于专业化的职业培训，而是要引入一种包含认知学习的基础性文化。

关于真理，同时也是关于错误的问题，打从青少年早期起，就以一种特殊的方式萦绕于我心。我没有继承某种家族文化，从那时起我就认为对立的观点都有某些令人信服之处。是应该改革社会还是要彻底革新社会？在我看来，改革更温和、更人性化，但力度不足；而革新是更为彻底的改变，却也危险重重。

回过头来反思一下1939年导致法国陷入这场意外战争的各种盲目，反思一下1940年法国总参谋部的各种错误和错觉，反思一下随后发生的各种荒唐之事和异想天开，我就明白了我们的自信和信仰在多大程度上欺骗了我们。只要一想到1933—1940年一个国家昏昏沉沉地走向毁灭，我就害怕它会在今天的危机中重蹈覆辙。这种危机不仅有经济危机、文化危机，还有思想危机。我想知道，当今时代不断膨胀的忧郁、混乱、消沉是否会导致排外和仇恨这样的情绪和盲目行为，恰如赫拉克利特（Héraclite）所言："他们醒着的时候也在熟睡。"①

1948—1950 年，我在《人与死亡》②一书中揭示了神话和想象作为人类现实一部分的重要性。从那时起，我就知道神话和想象本身就蕴含着深刻的真理，但也有不少根深蒂固的错觉。

我后来的著作又重新踏上了艰难的寻找真理之路，我们的杂志《争论》③（1957—1962 年）亦致力于此，杂志质询已有的观点或显而易见的知名言论，努力反思。这种研究的努力也让我随后在政治、社会、经济研究中心（CRESP）找到了自己的阵地。1963 年，我加入了由科尼利厄斯·卡斯托里亚迪斯（Cornelius Castoriadis）及克洛德·勒福尔（Claude Lefort）主持的研究中心。

---

① Héraclite, *Fragments*, *Presses universitaires de France* [1986], 5ᵉ édition, 2011. Texte établi, traduit, commenté par Marcel Conche.

② Edgar Morin, *L'Homme et la Mort*, Éditions du Seuil [1951], coll. "Points", 1976.

③ *Arguments*; un choix d'articles de la revue est paru dans la collection "10/18", Union générale d'éditions, 1976.

此前不久，生病出院之后，我决定研究到底哪些是我的"真理"，于是着手写《问题的关键》(*Le Vif du sujet*)一书，8年后这本书出版。

1969—1970年，我幸得一段时间住在美国加州，此时我对"真正的"认知的偏执追求让我发现了复杂性这个问题。事实上，复杂性这一概念正好可以反过来启发我的思考方式。这种方式把分散的知识联结起来，直面各种矛盾而非尝试逃避，努力超越那些看起来无法超越的选择。这种虽未浮出水面的思考方式，即使在我痴迷某事的时候也未曾失去。

从那以后，亟待解决的问题就不仅是事实上的（无知的）错误、思想上的（教条主义的）错误，还包括由思想的局部性导致的片面性所造成的错误，即由于没有能力建立联系或只能看到联系而造成的二元化的思想错误，由思想的局限性或间断的盲目性所导致的面对复杂问题时所犯的错误。"方法"这个词在我看来如同方向标，需要走一段很长很艰难的路才能够构建起符合思想之复杂本质的工具。

在这一过程中，我建立了信心。虽然我们的教育提供给人在社会上生活的工具（读、写、算），提供了一种普及文化(自然科学、人文科学、文学、艺术)的元素(可惜这些元素之间相互割裂),致力于准备或提供一种职业教育,但它在生活的最基本需求①上却存在一种巨大的缺陷。

尽可能不犯错、不幻想,承认造成错误、错觉的源头和原因,时刻追求一种尽可能恰当的认识,这就引出了首要且基本的必要条件:教会人认识到知识总是某种翻译和重新建构。这是否意味着我要呈现这一真理?我只不过是为防止出现错觉、错误和偏见提供一些方法。就像波普尔所呈现的科学理论,它丝毫不

---

① 现在我们所教授的东西在某种程度上都是为了帮助人生活:数学是为了让人们学会算数(何况计算器让我们丧失了算数的习惯),更是为了让人们学会逻辑推理;自然科学是为了让我们认识物理和生物;历史是为了让我们能够在时间的长河中定位自己并融入未来;自然是为了让我们通过大陆板块、地质褶皱、山脉隆起、河谷塌陷来读懂地球的历史;文学可以发展我们的审美,长篇小说和名家散文都可以让人们认识人类的复杂性;哲学让我们可以持续或重新审视我们的存在,从而发展我们的反思能力。不幸的是,自然科学和人文科学的成果越来越疏离,它们应该结合起来形成一种能帮助我们一生的真正的文化,但这需要一场彻底的变革。

涉及绝对的无限真理，却能在克服错误的同时促进发展。我没有什么秘方，只有一些能够唤醒并激发精神去克服错误、错觉和偏见的方法，特别是在当今这个游离的、动力失控并不断加速的、前途黑暗的时代，在当前的人文和社会危机中，错误和错觉总是可怕的，甚至可能是致命的。

错误和错觉依赖于我们认知的本性。生活就是要在决定、友谊、住所、伴侣、工作、医疗、竞选候选人等各种选择中，不断克服可能出现的错误和错觉。为实现行动，生活就需要没有被肢解又非残缺的恰当的知识，从而可以定位各类客体和各种事件的背景和复杂性。

无论如何，人需要决策，需要为决策做出选择。复杂性理论教授的就是要意识到所有的决策和选择都是一种赌注。通常情况下，行动在进入一种多元的、相互作用的环境时会偏离方向，并有可能反过来让行动者头疼脑胀。多少次失败和灾难都是由于对胜利的盲目自信造成的啊！多少次自由的宿醉后出现了灾难性的反转啊！

生活是一场冒险，其本身包含着不断更新的不确定性，或许还有个人的和(或)集体的危机和灾难。生活就是要不断地克服不确定性，即使"人终有一死"是我们唯一能够确定的事情，但我们也不能够确定何时是死期。我们不知道幸福和不幸会在何时何地降临，不知道未来会得什么疾病，也无法预知幸运和不幸。更何况我们已经步入一个伟大的时代，在这里，我们的未来、家庭、社会和国际化的人类世界都充满着不确定性。

正如乌尔里希·贝克(Ulrich Beck)宣称的，从此我们生活的社会不断涌现新的危机，包括各类技术造成的事故，如飞机失事、交通事故、大规模海难、太平洋核电站危机，特别是核武器的增加给人们带来的致命性伤害。[1] 帕特里克·拉加代克(Patrick Lagadec)告诉我们，我们的"危机文明"系统性地"制造出"经济、政治、生态和文化危机。[2] 正因如此，我们才要教授生活，教授如何克服不确定性和危机。

---

[1] Ulrich Beck, *La Société du risque: Sur la voie d'une autre modernité*, Aubier, 2001 [1986].

[2] Patrick Lagadec, *La Civilisation du risque. Catastrophes, technologies et responsabilité sociale*, Éditions du Seuil, 1981.

在生活中，我们不停地遇到他人，如亲人、熟人、陌生人、外国人。在各类交往和关系中，我们需要理解他人，也需要被他人理解。生活就是不断地需要理解和被理解。然而，我们当前沟通便捷的时代并不是一个相互理解的时代，我们一生中总会有不被理解或不理解他人的时候。家庭中有父母和子女之间的互不理解，车间或办公室里有同事之间的互不理解，也可能因为不了解别人的风俗习惯而不理解外国人。我们从不教授人的相互理解，不理解带来的痛苦侵蚀着我们的生活，造成反常的行为、决裂、咒骂、忧愁。

因此，我们的教育只是部分地、不充分地教授了如何生活，教育还远离生活，无视我们刚刚提到的生活中永恒的难题，将知识切割得支离破碎。越来越强大、越来越有分量的技术经济潮流趋于将教育简化为对社会专业能力的掌握，损害了教育促进文化再生的能力，以及在教学中引入关键主题的能力。①

我们应该听从让-雅克·卢梭写的《爱弥儿》中的

① Edgar Morin，*La Tête bien faite. Penser la réforme*，*reformer la pensée*，Éditions du Seuil，1999.

那位家庭教师的指令：教育为人生。当然，没有什么生活秘籍，不过，我们仍可以教授如何将知识与生活联系在一起。我们可以教会别人更好地发挥自主性，正如笛卡儿所说的，一种更好地运用精神去解决自己生活中问题的方法。我们可以教每个人帮助他们避开生活中不断出现的陷阱的方法。

2. 美好生活？

生活意指什么？"生活"一词的第一层含义是"活着"。当我们把生活与生存区分开时，"生活"一词便具有了完整的意义。生存是一种亚生活，缺少由生活所带来的快乐，只能勉强地满足基本的果腹需求，并无法发展个体的愿望。与生存不同的是，生活意味着能够发展自身的特质和能力。

在我们所处的各类社会中，一部分人注定是亚生活状态，但大部分人则在生存和生活之间选择。

是否美好生活可以规避束缚和责任？平凡的散文般的生活难道就没有愉悦、快乐和满足？难道田园牧歌般的生活才是在丰实、交流、爱和游戏中绽放的？

难道我们注定要在平凡的散文和田园牧歌般的生活中选择吗？

充实的时光不就是那些让人感到"美好"的日子吗？"美好生活"和"舒适生活"是一对近义词：与爱人相伴，与朋友相聚，一次漂亮的行动，身处美景之中，我们都会感到舒适。

但当舒适与物质享受和现代文明创造的技术便利挂钩时，其价值就被贬低了。它变成了舒适的沙发、便捷的遥控器、波利尼西亚的假期、享之不尽的金钱。

国内生产总值的飙升、家庭消费支出的增长、消费者满意指数的提高都代表了生活舒适程度的提高，但同时容易被忽略的是：物质享受的提升也使得精神和道德的病态不断滋生。这是从 20 世纪 60 年代加州年青一代的身上得出的教训。他们从世界上最富有的家庭中出走，为的是过一种清贫的集体生活，并在摇滚乐、大麻中寻求刺激，正如今日皮埃尔·拉比(Pierre Rabhi)所说的"通往幸福无华的道路"①。

事实上，西方的美好生活等同于更多地占有，然

① Pierre Rabhi,*Vers la sobriété heureuse*,Actes Sud,2010.

而，这里明显存在的一对矛盾就是存在和占有。美好生活的概念包含了西方对于舒适生活的各类积极定义，并摒弃了可能引发不适的消极方面，开拓了一条寻求美好生活的道路，这里包含着人们团结互助、和睦相处的心理和道德的各个方面。随着计算机和数字化大行其道，世风愈加官僚化，匿名化盛行，人被当作物品不断工具化，从快餐的流行到分秒必争的生活，在这普遍提速的过程中，我们更有必要在教育中引入"美好的生活""生活之道""生活的艺术"。我们得出一个结论：对美好生活的期待需要有关处世之道的教育。

人总生活在某个具体时间和空间中。时间即当下我们所有的时间，而地点不仅指我们的国家——法国，还包括我们的文明，那种经济、技术、风俗、日常生活的问题都带有典型西方色彩的文明。

3. 处世之道：哲学的哲学

如果按照字面意思来理解（"哲学"的本义是"智慧的朋友或情人"），哲学就是把智慧化为一种真实的处世方式。

事实上，"哲学"一词有更广泛的含义。哲学是对世界、现实、真理、生活、社会、存在和人类精神的质疑。它不是一门学科，不存在外延。哲学质疑与人类经验相关的一切，也质疑智慧——自古希腊时代，智慧要么被视作由理性引导的、能够自我约束的生活，要么被视作懂得自我满足。在任何情况下，智慧虽可能模式有别，却都始终包含着对清醒的追求和为追求人们所认为的美好生活而行动的意志。

当哲学变成了哲学教授的职业，它被分为不同的教学方向——普通哲学、哲学史、伦理，而心理学和社会学则从哲学的体系中分离出来，为了成为独立学科而变得更为科学。智慧也在这种分裂中被消解。

另外，哲学本身也具有封闭性。哲学一直质疑自然科学，直到柏格森（H. Bergson）和巴什拉（G. Bachelard)出现；少有的几位哲学家，如米歇尔·塞尔（Michel Serre）、让-雅克·萨洛蒙（Jean-Jacques Salomon）、伊莎贝尔·斯坦厄斯（Isabelle Stengers）思考过科学的未来，认为科学改变了我们的世界观和我们的世界。当然，许多哲学教师摆脱了封闭的状态，但这并没有体现在教学大纲上，而且他们在大学或师范学校的文化中被边缘化。

当被问及"什么是哲学"时，黑格尔戏谑地答道："哲学，就是哲学教授的饭碗。"①

在法国，哲学课在高中三年级开设，还面临被取消的可能。而且要强调的是，法国哲学课教学大纲根本无视富有生命力的哲学应该致力于创造美好生活，在传统哲学上我们常指"好的生活"，这种教学应该从高中一年级就开始，从对人类处境(后文还会提到这一点)提出问题开始，因为没有人类学就没有哲学，而且没有哲学也就没有人类学。哲学应该重新提出人类历史的各种重大问题，不仅涉及对世界的认知，还包括认知世界、认知方式及对认知者的认识(苏格拉

_____

① 见叔本华的评论："我也逐渐相信大学哲学的实用性使得学者们将哲学当作职业而背离了哲学自由追求真理之道，或者说被当作统治工具的哲学比探索自然与人性的哲学更低等。……所以很少有货真价实的哲学家同时也担任哲学教授……我们立刻观察到，一直以来极少有哲学家曾经是哲学教授，哲学教授中曾经是哲学家的就更稀少了。"(*Parerga et Paralipomena*，"Philosophie et philosophes"，1851.)

底的"认识你自己")。

智慧在今天究竟变成怎样？西方世界形成了一种普罗米修斯式的、激进主义的、强控制欲的、企图征服自然的模样，这种控制排斥一切智慧；人们被卷入一场动荡，有关生与死的问题被遮蔽了(这有什么用呢)；过去的团结一致日趋衰退，与此同时，个人主义逐渐盛行。个人主义有其光鲜、明亮的一面——自由、自主、责任，但也有阴暗的一面——自私、个人原子化、孤独、忧郁。前文已经强调了西方社会发展中出现的病态，这不仅表现在那些缺少物质享受的人身上，也表现在那些享乐派的人身上。

因此，当今对于智慧的需求再次回归——至少要摆脱肤浅、轻佻、消费主义的毒害及金钱的权力——一种对于身心和灵魂和谐境界的需求。这就要借力东方思想，借助佛教、禅宗、精神领袖、新时代的形而上学，还有像精神治疗法和精神分析法等西方模式，来协调灵魂、身体、精神的关系。

如何在我们过度的文明中寻找智慧？这种自负(hubris)被古希腊人定义为疯狂。我们是否可以在非理性的世界里过一种理性的生活？此外，人们可能会疑惑：健康地饮食，健康地生活，不冒险、绝不超过指定的量，这样理性的生活难道不是没有生活的生活？生活也有最低限度的支出、无动机和非理性。卡斯托利亚迪(Castoriadis)曾说过："人是一种疯狂的动物，正是这种疯狂创造了理性。"①什么是理性的生活？根本就不存在任何定义理性生活的理性标准。

如前文所述，生活如同散文和诗歌交织而成的混织品。散文可以被称作实践的、技术的、物质的束缚，是生存的必需品。诗歌则是那些让我们处于生存之外的次要状态的东西：首先是诗歌本身，还有音乐、舞蹈、享受，当然还有爱情。散文和诗歌在古代是紧密交织在一起的。比如，在出征前或收获季，人们要跳舞、唱歌，这都是仪式的重要组成部分。当代西方社会则明显地倾向于把散文和诗歌分开，散文发起了一场猛烈的攻势，一场关系技术的、冰冷的、机械的、精密的攻势，在这场攻势中，一切都可以买卖，一切都可以用金钱来衡量；当然，诗歌试图在爱

---

① Edgar Morin, *Amour poésie sagesse*, Éditions du Seuil, 1997, p. 62.

情、友情和热情中自卫，诗歌是美学，是快乐，是爱情，是与生存不同的生活！

什么是理性的生活？是过着散文般的平凡生活吗？疯狂！但我们的确需要通过散文来感受诗歌，因为如果我们永远生活在诗歌般的生活中，就再也感受不到它了。

诚然，我们在生活中需要合理性①，但我们也需要情感，也就是依恋、充分展现、快乐、爱情、狂热、游戏，感受"本我"和"我们"。

我们甚至需要接受或寻求巴塔耶（G. Bataille）所

---

① 合理性的继承构成了当代思想中最为丰富的一面，必须予以保留。合理性，不仅是批评，还包括自我批评，让我们（指法国人——译者注）可以（像蒙田一样）去质疑我们的文明与其他的文明谁更接近真理，比如我们和美洲印第安人的文明。所以蒙田才会说，"我们把另外一种文明的人叫蛮夷之族"。最终一些西方人类学家才逐渐意识到这些本被他们嗤之以鼻的原始文化不仅仅是迷信的组织，也紧密地交融着智慧和深刻的真理，这才意识到亚洲及其数千年的文明不完全是落后的文化，而是蕴含着西方人不了解或尚未开发的文化瑰宝。

说的各类由花费、浪费、疯狂所组成的"消费"①和极度狂热的时刻。

缺乏理性，我们就无法好好生活，缺乏感情亦是如此。因此，唯一的合理性或许就是驾驶着我们生活的小船永远地在理性/激情的海洋中遨游。无理性，不情感；无情感，不理性。

正如帕特里克·蔚五海(Patrick Viveret)所说的，智慧就是要联结宁静与紧张。②恰当的理性与激情的辩证关系应当由善良和爱情指引。这是唯一一条道路，可以超越智人-恶魔所制造的各类仇恨、无端罪恶、为毁灭而毁灭的意愿。

新的智慧能够理解，每个人的生活都是一场嵌在社会和人类冒险中的个体冒险。

现代智慧只能带着点疯狂。或者，更确切地说，现代智慧应当被一种生活的艺术代替，总在重启，总在不断创新。

---

① Georges Bataille, *La Part maudite*, Éditions de Minuit, coll. "L'Usage des richesses", 1949.

② *Pour un nouvel imaginaire politique*, Fayard, 2006.

能享乐(这里指享受人生)也一定能吃苦。如果我喜好美酒，那我一定曾在没有品酒能力的时候喝过味道并不太好的酒，很可能毫不在意喝下些什么。同样的道理，能享受幸福就一定能承担痛苦。我们大多感受过所爱的人相伴的快乐，但若此人离开或逝去，我们就会非常痛苦，那也正是因为我们感受过幸福。难道为了不再痛苦，就要放弃幸福吗？《道德经》有言："祸兮，福之所倚；福兮，祸之所伏。"

我们要追求的不是幸福，因为越是追求，幸福就越会远去。我们要追求的应当是生活的艺术，它会奖励给我们大大小小的幸福。

保障智慧就要避免低俗，避免向报复或惩罚的冲动妥协。这就需要经过大量的自省、自我批评，以及接受他人的批评。摒弃报复和惩罚的想法是智慧的关键，古老的美德恰恰隐含了这样的伦理，这又回归到东方文化的道路上：懂得远离自我，懂得将自我客体化。

我们可以直接在蒙田那里找到这种分延(distanciation)，也就是在知道自己是主体的同时将自己视作客体，从而自我发现、自我反省、自我批评。为了理解他人，必须要理解自己，这一点后面还会提到。这虽然重要，但没有人教。我们甚至低估了自我反省的价值，但这恰恰是我们需要教授和学习的东西：懂得远离自我，学会自我客体化，懂得接受自我，学会思考和反思。

这就是新哲学可以给年轻的学生带来的东西。哲学只有不再被看作一门学科，才能成为生活教育中的动力和向导。哲学应该回归苏格拉底，也就是说，不断通过对话和辩论来引导。哲学应该回归亚里士多德，也就是要在已知的知识与当下发现的未知之间建立循环(建立百科全书式的系统)。哲学应该回归柏拉图，也就是对现实的表现提出质疑。哲学应该重回前苏格拉底和卢克莱修，重新思考现代宇宙中的混沌世界。

4. 面对不确定性

自然科学让我们获得了许多确定性，但在 20 世纪，有无数领域显露出了不确定性。教育应当包含有关不确定性的教育，物理科学(微观物理学、热力学、宇宙学等）、生物进化科学及历史科学都表现出不确定性。

不确定性是科学的核心

"古典科学"建立在绝对的决定论基础上，因此排除了各种偶然性，这一点我们从拉普拉斯妖上就可以发现——它拥有认识的整体，通晓过去和未来。这种决定论的理想虽然仍以某种形式存在于现代科学，但已经丢掉了本质。首先是热力学第二定律引入了熵，20世纪初期，量子力学再次颠覆了古典概念，不仅因为其包含的偶然性，还因为量子力学对于行为表现，乃至对于自然和微观物理学的研究对象所描述出的不可预知性和根本的不确定性。由此，在经验的不确定之外，还萌生了逻辑的不确定性。从哈勃（E. P. Hubble）关于宇宙膨胀的研究开始，人们才证实了不确定性及其对宇宙的起源、构成和未来的影响，并提出了"暗物质"和"暗能量"的概念。最后，混沌理论告诉我们，即使某个系统是必然的，但初始条件的不确定使我们仍无法预测其行为表现。人们再也无法消除不确定性，因为人们不能非常精确地认识系统中的各类相互作用，尤其当这个系统是一个复杂系统时。因此，不可预知性就成了决定论本身的关键。

归纳法和演绎法既是古典科学的基础，也是我们认识世界的普遍方法，却也受到质疑。波普尔（K. Popper）指出了归纳法的局限性，哥德尔（K. Gödel)的理论则指出演绎法的局限性。[1] 理性的可证性不再绝对。

古典科学建立在三个原则的基础上：析取、归谬和决定论。但今天，每个原则都表现出缺陷。人们意识到古典科学倾向于将实际上相互联结的各个要素分离开来(于是就有了复杂性问题)；新出现的现象表明，我们不能把对一个系统的认识简化成对其基本构成要素的认识。由于上述原因，决定论也不再站得住脚。

如果说今天这种分裂已经完成，那么事实就是科学家们仍然缺少构建范式转化的认识论文化。诚然，每个人都试图在各自的学科中与不确定性谈判，但都

---

① Edgar Morin,*La Méthode*(t. 3),*La connaissance de la connaissance*. *Anthropologie de la connaissance*, Introduction générale, Éditions du Seuil, 1986. Nouvelle édition, coll. "Points",2014.

没涉及上位的问题。我们无法用一种彻底的、整体性的方法去思考这一问题，最终不确定性只不过成了问题的一个方面，所以要改变建构科学认知的方法。①

不确定性和质疑相关联、相呼应。黑格尔说过："怀疑主义是精神的能量。"因为它打击教条和信仰。追求确定性作为古典科学的重要趋势从此便辩证性地与发现不确定性联系在了一起，这一发现促使我们与丹尼尔·法弗尔(Daniel Favre)描述的"对确定性的痴迷"决裂，后者让我们短视甚至盲目。同样地，充分认识到错误和错觉的陷阱，且这些陷阱总是伪装成确定的真理，可以激发质疑的能力。在当今时代，质疑的必要性越来越突出：虚假信息、谣言、流言不仅可以口耳相传，还可以通过互联网以前所未有的速度和广度四处传播。但人们同时也要知道，失控的、无限度的质疑会转变成偏执的确定性，认为一切都是假的或谎言，所以人们要学会对质疑进行质疑。

---

① Edgar Morin, *La Méthode* (t. 1), *La nature de la nature*, chapitre III: Le nouveau monde, éditions du Seuil, 1977. Nouvelle édition, coll. "Points", 2014.

因此，人们比以往任何时候都需要借助反思。反思对于思想和决策的有效性至关重要，却也被人以保证思想和决策的有效性为借口而牺牲掉了。所谓计算的有效性以专家从数量出发的逻辑为依据，鲜有深入的思考。我们身边有越来越多的民意调查、测验、评估、研究的结果，但没有人试图对其进行思考，也就是从不同的角度来看待它们，让它们从一个精神层面走到另一个层面，就像反刍动物的消化过程，把食物从一个胃送到另一个胃。

我们不经消化地吸收着一切，把本应被再吸收的东西当作垃圾丢掉。我们本应该像兔子对待它们的粪便一样来对待这些假垃圾——粪便里富含有用的微生物，兔子们就吃这些营养的粪便。

黑格尔的怀疑主义美德与不确定性重新建立联系后，就打破了那些人为的确定性，并向我们展示当下的危机、知识的局限及宇宙之谜。在这一点上，不确定性能对抗精神的惰性，因为后者会造成轻易地赞成某个结论并趋于将理论转变为教义甚至是信条。理论与教义之间存在根本性的区别。理论从本质上就是"可被生物降解的"，就是可以被新的知识元素驳斥的；但教义即使与理论在构成要素上一致，也会知错不改。然而理论，甚至是科学理论，都常常会随着时间的推移固化为教义。关注科学理论变化的特质，特别是关注我们自身认知的不确定性，可以让我们更好地理解为什么除了热力学和进化论之外，大量的 19 世纪的科学理论在今天都被淘汰掉了。

5. 生活的不确定性①

不确定性与生活不可分离。生命的诞生是不确定的，其一生中除注定死亡之外，没有任何事情具有确定性，何况死亡的日期和原因也是不确定的。

古希腊诗人欧里庇得斯（Euripides）在近 2500 年前说的话比以往任何时候都具有现实性："期待的事情没有实现，不指望的事情神灵却打开了大门。"抛弃人类历史上自诩能预测未来的决定论者的观点，审视 21 世纪意外发生的重大事件和事故，看清人类历程的未知，都可以促使我们在精神上为迎接未知做好准

---

① *Le Prisme à idées*, n° 4, septembre 2011.

备。肩负教育责任的主体有必要走在当今时代不确定性的前沿。

任何行动一旦被实施，就会有偏离行动者意愿和意志的趋势，进入一场与环境（社会环境或自然环境）相互作用和反作用的游戏中，而环境就有可能改变行动，甚至有时会颠覆行动。这就是我所说的"行动的环境论"。人类历史上不乏那些实施效果与预期相反的政策案例。我的老师乔治·勒费弗尔（Georges Lefebvre）①经常提到，法国大革命的序幕源于一场贵族反抗，其本意是夺回曾让渡给路易十四君主专制的权力，结果却导致了 1789 年三级会议的召开。所有的决策都是赌注，特别是在充满相互作用和反作用的环境中的决策。行动呼唤能够依据过程中所遇到的突发事件和获取的信息相机而变的策略。

在我们所处的时代，人类使用的技术带来的风险显著增加，所以才有了"风险社会"的概念和预防的原

---

① Historien français, qui fut mon professeur en Sorbonne, auteur notamment de: Georges Lefebvre, *La Grande Peur de 1789*, Armand Colin, 1932.

则。当然，这里有一个悖论：一方面，严格地执行预防原则要禁止采取任何创新的举动；另一方面，盲目地接受风险是很危险的。所以这里有必要做一个辩证的游戏，将风险与预防结合起来，正如飞机上有许多地面交通工具所没有的安全措施，但我们也只能把赌注押在这一种或那一种措施上。

我们唯一能量化的是概率，但概率的计算只适用于可能性的一小部分，事故的发生不仅是可能性极小的，而且是意料之外的。当我们着眼于安全的大概率时，就看不到出现事故的小概率。荷尔德林（J. C. F. Hölderlin）曾说过："危险蔓延之处，获救的可能就大。"①可以肯定的是，如果我们曾迅速意识到技术进步和自由主义经济给生物圈不断带来的风险，我们就应该建立一个国际性的有效调节机制。今天，相关的考虑寥寥，也没有什么决定，且对于蔓延危机的意识也在衰退。

---

① Friedrich Hölderlin, *Œuvres*, Gallimard, coll. "La Pléiade", 1967, p. 67 dans Hymnes. Publiésous la direction de Philippe Jaccottet. "Mais aux lieux du péril croît aussi ce qui sauve." Je cite ici la traduction telle que la donne Heidegger.

让我们回顾一下福岛核泄漏事故。灾难源于两方面的盲目性：一方面，盲目地将经济利益置于群众安全之上；另一方面，盲目地忽略了核电站所在区域的地貌特征。更广泛而言，我们可以定义多种与核能相关的危机类型，其中被核能拥趸们掩盖得最好的危机类型毫无疑问是核废料，它可能具有上千年的放射性，而且目前我们还不知道如何恰当地处理核废料，以及它会给我们的子孙后代造成多么沉重的影响。同样地，技术缺陷的危机随处可见。核电站已发生多次安全事件和事故，虽然大部分都不严重，但一旦技术问题与人为的错误叠加，我们就离灾难不远了。总之，从2001年9月11日起，人们开始意识到如果遭受类似于纽约世界贸易中心的恐怖袭击，核电站根本无法受到保护。另外，对核能的大量使用，特别是在法国，造成了人们对以再生能源为首的其他能源的开发不足。让我们困惑的是，几十亿年①来植物就能够从太阳中吸收能量，而我们却一直无法大规模开发这一取之不尽、安全可靠的资源。

---

① 从藻类植物的出现算起。——译者注

抗生素的例子也同样有意思。20 世纪 60 年代，人们曾天真地相信在抗生素的帮助下，人类已经根除了病原菌，并且想用同样的方式很快地消灭病毒。艾滋病和耐药菌的发现使人类的希望成了泡影。人们越想减少感染，感染的风险越增加。人们忽略了一个事实——细菌的世界是一个内部传播的世界，而且能够向对手"学习"。人们忘记了病毒掌握着变异的艺术并将其用来防守。最终，人们证明了医院既是治病的地方，也是传播可怕疾病的地方。

今天，转基因代表着机遇和风险，但考虑到其风险(其中最大的风险之一就是不断扩大像孟山都这样的跨国公司对于世界农业的掌控)，我认为当前有必要采取预防的原则。这就是当前我就这个问题下的赌注。

对于不确定性的意识成为历史中的未来。19 世纪以来，发展被定义为人类历史确定的法则，如今却变得不确定。19 世纪 60 年代的未来学家们曾认为可以预测的未来，在今天已变得不可预测。

人类未来的不确定性主要源于技术、科学、经济中失控和不加思考的过程，而这又与我们碎片化、箱格化的认知模式导致的盲目性相关。我们伟大的冒险所固有的风险造就了不确定性，预防的原则在不确定性面前败下阵来。因此，风险和不确定性通过一种相互反射的辩证关系联结在一起。

只有明白所有的决定都是一个赌注，才会让我们提高警惕，而不是得出假想的确定性。

我们要学会穿越确定性的群岛，在不确定性的海洋中航行。

我们要教授能够让人类面对偶然事件、意外事件和不确定事件的战略原则，从而在过程中借助获取的信息来改变它们的发展。

我们不消除不确定性，我们与之谈判。

6. 自由生活

生活的教育应该鼓励和促进在各类教育中都完成一项任务：自主和精神的自由。正如前文已经提到的，思想的自主性离不开其所依赖的生长环境，也就是文化；也要意识到对自主性造成威胁的危险，也就是假象和错误的危险，各种相互及多方的不理解，未能意识到风险和不确定性就武断做出决定。换言之，对于自主性的教育应完全融入生活的教育，正如本书所描述的那样。对于精神自由的教育不仅包括经常阅读众多作家、思想家和哲学家的著作，还包括对自由本身的教育。思想的自由就是能够在众多的建议、理论和哲学中选择的自由；个体的自由是在各类生活场景中可能做出选择的程度。因此，在超市中选一罐沙丁鱼罐头的自由度要小于选一套西服，选一套西服的自由度则小于挑一处住所，给自己挑住所的自由度则要小于选择伴侣。

选择的等级越高，自由度也就越大。这也就是为什么富人们的自由程度更高，而悲惨的人几乎没有自由，穷人的自由则非常有限。然而，真正的精神自由并不取决于财富的多少。作为奴隶的爱比克泰德(Épictète)比他的主人更有精神自由。正如黑格尔指出的：主人依赖于他的奴隶。与压迫者相比，向往自由、勇于反抗压迫的人更为自由。在政治领域，自由是一种风险。提出一种不符合集体信仰(蒙昧无知的思想)的观点意味着危险。自由一旦违背既定真理就可能变得危险。要知道，那些谨慎的人，拥有自由的思想却从不外露。我们应当向自由的英雄致敬。这也是有关自由的教育的一部分，但这一教育的根基是对于选择的认知，也就是对于风险和不确定性的认知，对于行动方向可颠覆性的认知，也就是对于行动的环境的认知；要认识到一切选择都是赌注，认识到采取持久性战略可以避免选择招致的恶果。

7. 总结

学校对于现在的青少年来说，无法为每个人生活的冒险提供现成的经验。学校没有提供应对生存中不确定性的预防措施，没有提供防止错误、误解、盲目性的防护，没有提供能够让人认识自我和理解他人的方法，这一点后面还会提到。学校不关心、不质疑、不反思有关好的生活或好好生活的问题。学校缺乏生活的教育，这项本应为学校的核心任务，却是失败的。

/ 二、一场多维度的危机 /

今天我们的大学为世界培养了过多预定学科的专业人才，因此受到了人为的限制。而当前，正如科学自身的发展一样，很大一部分社会活动都要求人们具有更广阔的视角和对于问题深度的聚焦，新的进步正在不断地打破学科间曾经的界限。①

——里希纳诺维奇（A. Lichnerowicz）

在提到教育危机的时候，人们首先想到的是令人

---

① André Lichnerowicz，"Mathématique，Structuralisme et Transdisciplinarité"，dans *Vorträge. Natur，Ingenieur und Wirtschaftswissenschaften*，Westdeutscher Verlag，1970.

震惊的校园暴力。接着，人们会想到青春期学生的班级和成人教师之间的"班级斗争"（也就是班级内部的斗争）：起哄、不守纪律、说闲话、不听话、冒犯、辱骂、惩罚、课后留校、被逐出教室、侮辱他人或让他人产生负罪感。大学里则有课堂骚乱、旷课及使用搜索引擎和线上百科。

当我们用单边视角看待问题时，要么看到教师的痛苦，要么看到学生受的罪。如果我们能拥有一种稍微复杂的思维，就会看到双方的痛苦。对于双方来说，最糟糕的就是侮辱。

双方需要的是理解。

首先要知道，自 20 世纪 60 年代起，已经形成了一种按照生理划分的青年群体，他们有着自己的文化和风俗（如摇滚乐、服饰、语言），以及明显且张扬的自主性。1968 年，青年开始反抗成人，扰乱教学，尽管教学随后或多或少地得到了改善，但从那时起，即使是很小规模的学生罢课也会导致教育秩序陷入瘫痪。教师们对于这种青年文化的认识只停留于表面，正如学生们会忽视中学教师群体所遭遇的深层次问题（声誉下降，公务员化，家长干预并保护后进生或受到惩罚的学生，忍受学生的起哄、顶撞，学科封闭，以及单一的学术集权）。

正如米歇尔·塞尔（Michel Serres）所言，成年人过去成长的环境是田野，有奶牛，有家禽，有猪崽，使用钢笔、打字机、架在煤炉上的平底锅。[①] 而只在电影里见过奶牛，只认识冰箱里的鱼，却精通电脑的年青一代，让年长者惊慌失措。在互联网出现之前，大众媒体，特别是电视，是与公立学校并行的非正式学校；今天，互联网就是百科全书，通过网络，年轻的网民可以获得各类知识，他们会把从网络上搜索来的知识与老师的知识相比较。

如何才能把斗争转化为合作呢？人们探寻教学法，尝试求助于心理学甚至精神病理学，试图找到灵丹妙药，让教师理解造成挑衅或冷漠的原因。一些人认为，教师间的跨学科合作可以更好地解决学科分割造成的现实问题。

这里我们要看到，教育危机与文化危机密不可分。19 世纪起，文化的两大组成部分——自然科学和

----

① Michel Serres, *Petite Poucette*, Le Pommier, 2012.

人文科学就开始分离，并且演变为今天的决裂。自然科学文化创造的知识不再走入人文科学的家门，而对于物质的和生命宇宙认知的科学，人文科学也只贡献了模糊的中介知识。自然科学虽了解客体，却忽视认知主体，缺乏对于科学不可控的未来的反思。学科和亚学科知识的碎片化则加剧了这种普遍的文化缺失，所以，我们必须要在分离的两个文化分支之间建立交流和联系。

不幸的是，一种巨大的压力作用于中等教育和高等教育，迫使它们去适应当代技术经济发展的需求而限制人文的部分。居高临下的技术经济对人文科学的东西毫无兴趣，或者认为其纯属奢侈，它导致历史和文学的课时减少，哲学被当作闲话删掉。计算与量化知识的统治日益加强，损害了反思性和质性的知识。问题不仅是自然科学文化和人文科学文化之间缺乏交流、相互蔑视，还有整个文化面临的灾难。

大学更是承受着技术经济带来的压力，它要求大学按照商业的标准带来利润。国家推行大学自治，却使得大学在金钱面前失去自主性，企业模式逐渐强加到大学身上，然而，正如我在博洛尼亚庆祝欧洲第一所大学——博络尼亚大学的千年诞辰的演讲中所说的，大学不应该只迎合当下，还要让当下符合其穿越世纪的使命。[①]

现在的大学生们，上学时面临沾染不良风气的风险，毕业后又面临失业的风险。

整个公共教育因公共媒体而陷入困境。面对孩子们对于数字设备的着迷，以及更广泛地浸入儿童、青年乃至整个社会的"大众文化"，教育常常不知该如何应对，甚至会受到藐视。如今互联网带来了交织着各类知识、传言、信仰的巨大文化混乱，这样的民间文化绕过了官方的学校，培养了一批批新生代。

公共教育面临媒体、电视，特别是互联网的竞争、围堵、挤压与纠缠。儿童和青少年一开始还是在家庭或街坊邻居那里学习生活，后来就通过媒体、电视，特别是通过百科全书式的、不断膨胀的互联网来学习生活。

---

① Edgar Morin，"Sciences, éthique et citoyenneté", discours prononcé pour le millième anniversaire de l'université de Bologne, le 28 mai 2008.

我们的教育所包含的人文的内容承受着双重的巨大压力：一重压力是来自占据统治地位的所谓自由主义经济和技术专家治国论的压力，这种压力试图从内部"殖民"教育；另一重压力则来自媒体和互联网，它们试图从外部腐蚀并弱化教育。

危机的各种要素虽各有不同，但可以建立某种联结关系。我们可以分别看待造成危机的不同要素，但前提是我们能够逐渐意识到这些要素之间的联结关系，从表面上看，这些要素是如此相互外显。

即使大家普遍意识到教育的病态，也几乎不会考虑到各类不同的病症会关联进而发展成一场大病。那些从各自学科出发的人也只能看到危机的一个方面，而危机恰是来源于学科之间的分裂。鲜有人能像"学校转向"（École changer de cap）协会那样从整体上关注到不同的部分。通常，最容易被忽略的一点是，教师、学生、家庭、媒体、公众舆论都是教学大纲中的"黑洞"，在未成年人的教育中严重缺失。在教育中应该引入基础知识的本质，从而可以让知识真正成为"知道如何生活的认识"。

我们不应该也不能把教育的危机从文明的危机中

分离出来，前者是后者的一部分。法国传统的团结精神衰落了(在大家庭、街坊邻里、工作单位中)，关于国家归属感的"超我"丢失或降低，关于人类归属感的"超我"缺位，相对自主性的个人主义比自我中心主义还缺乏责任感；从不再相互寒暄问候到礼貌的消失，不文明行为越来越普遍。在机关或企业中，办公室、服务和任务条块分割，联结越来越少，充斥着对现在和未来的灰心丧气或忧虑担心。

因此，有必要把教育的危机放在一个更广的危机环境中，这一环境不仅包括对青年文化和青年现状的关注，还包括全部的社会和文明问题，而教育的问题恰是隐含其中。

法国正在经历一场文明危机、社会危机和民主危机，由此造成的经济危机所带来的后果又加重了文明、社会和民主危机。教育危机取决于诸多其他危机，而其他危机也取决于教育的危机。

各类危机都取决于一种认知危机，后者也同样取决于各类危机。

这些危机陷入一个危机螺旋，其整体则构成了人类的危机。当今世界充斥着沉醉于利益的金融和由致命的狂热主义带来的恶性冲突，危机也迅速地蔓延到科学、技术和经济领域。

因为危机扩大了错误、错觉、不确定性和相互之间的不理解，所以危机既暴露又模糊了个体和群体的问题：如何过好自己的生活？如何共同生活？[①] 随着错觉、不确定性和相互之间的不理解进一步增多，我们迫切地需要考虑建立一种可以应对问题的教育。然而，对于这些不断扩大、深化的黑洞，鲜有人问津，而这本应是教育的使命，从中等教育到高等教育的关键问题是生活的教育。

我们越来越多地使用"危机"一词，以至于这个词已显得不重要了。"危机"（krisis）一词本是希波克拉底医学术语，指的是某种疾病表现出其确定的症状，从而可以确诊并治疗的那一刻。在现代语言中，"危机"一词被延伸到包括社会和政治的各个领域，还带有一层不确定的意义，从而让诊断变得困难起来。

---

① Edgar Morin, *Pour une politique de civilisation*, Arlea, 2002 et Edgar Morin, *La Voie. Pour l'avenir de l'humanité*, Fayard, 2011.

"危机"一词总是指涉一个系统和一个组织。广义的危机指的是源于系统内部或外部的故障，扰乱了系统运行的稳定性，甚至危及系统的存在。所有的系统，无论是生物的还是社会的，都包含用以维持自身稳定性的调节功能。这些调节功能遵循负向反馈的程序，这些程序抑制异常情况的出现，从而保障系统的相对自主性。供暖系统就是这样一种系统。供暖系统由一个锅炉和一个恒温器组成，维持整个房间的热自主性，如果出现异常情况(正向反馈)，就会逐渐扰乱稳定性和组织性，并最终导致系统瓦解。这种瓦解在物理系统中是致命的，但在人类社会系统中，这种瓦解的趋势可能会借助创新创造的力量，随着系统被更新转化而抵消；危机也可能是式微的，引导系统在一个比之前复杂程度低的基础上重组；危机也可能是创造性的，可以生发新的方法，带来新的特质。这就是为什么危机可能带来最好的或最坏的，或者仅在受到多重损害之后回归此前的稳定性。

　　因此，应该从教育本身的复杂性出发来理解教育的危机，回归其所反映或加深的社会和人类复杂性的危机；而且在找到调节力量的条件下，教育的危机或许会为人类和社会的再生做出特殊的贡献。

单靠教育再生不足以改变社会，却可以教育成年人更好地挑战命运，更有能力发展生活，更有能力恰当认知，更好地理解人类、历史、社会和世界的复杂性，更有能力分辨认识、决策、行动中的错误和假象，更有能力去相互理解，挑战不确定性，面对人生这场冒险。

教育危机的核心是育人危机。育人危机的核心是失败的生活教育。

懂得生活，这个关系到个体和群体的问题，是问题的关键和教育危机的核心所在。

/ 三、理解！ /

问题是理解"何为理解"。

——海因茨·冯·福斯特（Heinz von Foerster）①

什么是理解？理解分为两种。

1. 内容的理解

内容的理解就是对他人的话语、观点、世界观所含意义的理解。这种理解总处于危险之中。首先，

---

① *Seconde cybernétique et complexité：rencontres avec Heinz von Foerster*，sous la direction de Evelyne Andrewsky et Robert Delorme，coll. "Ingénium"，éditions L'Harmattan，Paris，2006.

"噪声"会干扰信息发出者和接收者之间的交流,造成误解或遗漏,从而忽略对方的言下之意。另外,含有多重意义的概念可能在表达时是一个意思,被理解时成了另一个意思。正如"文化"这个词,它完全是概念的变色龙,它可以指涉:①一切非自然生成的,应该被学习掌握的东西;②一个民族或一个国家的风俗习惯、价值观、信仰;③我们文明中的"高雅文化",如人文、文学、艺术和哲学。

这里有个语境的问题。无视其他社会群体的风俗习惯,特别是礼节的习惯,可能会给他人造成无意的伤害,或者在他人面前失去尊严。

尤其最后还会出现经还原的简化的心理结构不能理解复杂心理结构的情况(反之亦有可能)。

2. 人性的理解

另一种理解——人性的理解包含难以克服的主观性的部分。这种理解既是人类交流的方式,也是人类交流的目的。

这里我们应当看到解释和理解的区别。解释是把一个人或一组人作为客体看待，并使用各种客观的认知方式。有时候解释可以满足对知识或客观事物的理解，但相对于人性的理解，解释总是不充分的。

人性的理解包含主体对主体的认同和投射。看到一个孩子在哭，我们能理解他，不是因为测算了他眼泪中的含盐量，而是因为我们回忆起儿时的悲伤，把他认同为自己，把自己认同为他。

人性的理解总是主体间的，需要向他人开放，需要同化和共情。

不论关系远近，人性的理解总会使我们发现他人与自己既有相同又有差异：相同在于人类的共性，差异在于个体或/和文化的特性。对他者人性特征的认同是一切理解的必要前提。这种特征在生活中必不可少，表现为最基本的礼貌。邻里之间或在散步路上与相遇的陌生人之间一句简单的"您好，先生""您好，女士"恰恰就是认同的基本元素，正如一段简短的关于天气的对话。家长和教育者有理由教孩子懂礼貌，但不能把礼貌作为一种社会制约强加于孩子。我们会看到，被别人认可和实现个人的梦想是人类的两项最深层的需要。

但是，人与人之间的关系充斥着相互不理解。互不理解在家庭、工作、职业等各类关系中存在，在个体间、民族间和信仰间存在；它已成为日常；它滋生了误解，甚至掀起了蔑视和仇恨，激发了暴力，并伴随冲突。

日常生活中处处蔓延着不理解，有时伴随着（"它引起的"）精神谋杀，把别人贬为邪恶。在本应最善解人意的知识分子群体中，有的人自我膨胀，追求光环和荣誉。哲学家之间的互不理解尤其让人诧异。我们一直生活在一个普遍互不理解的时代。

互不理解不仅危害我们的私生活，还让整个世界为之承受痛苦。我们的世界需要各种意义上的相互理解。互不理解是流血冲突的源泉，流血冲突又造成更深层的相互不理解。互不理解本身就携带死亡的种子。

理解教育是教育的重要使命，在我们的教学中却是缺失的。鉴于理解教育对各个学段和年龄段的重要性，其发展需要一场思想的变革。

无论是亲人还是陌生人，人类之间的相互理解对于促进人的关系走出野蛮的状态至关重要。

所以有必要从其根源、类型和后果上来研究互不理解的问题。这样的研究之所以尤其重要，是因为它不仅考察互不理解的症状，而且探究造成蔑视、种族主义和排他主义的原因。同时，这类研究还构成了寻求个体内心的平和及人类和平的教育的最扎实的基础之一。

实现人性的理解有着巨大的障碍，不仅有冷漠，还有自我中心主义，自我辩护，自欺欺人，把过错推给他人，只看到他人的缺点，最终否认他人的人性。

自我辩护和自欺欺人最常出现在处理与他人的关系中。每个人都倾向于认为自己有理，很多人总认为自己有理。相互不理解造成了一个有传染性的恶性循环：对他人的不理解也造成了他人对自己的不理解。

理解的障碍既是跨主体的又是超主体的——报复、复仇以一种顽固不化的结构深深地植根于人类的精神中。

知识性的不理解和人性的不理解结合在一起，给我们的认知和生活造成了巨大的障碍。先入为主的观点、源自任意前提的合理化、狂热的自我辩护、自我批评的无能、偏执的推理、狂妄自大、否认、蔑视等都是"共同生活"的敌人。

对理解的恐惧也是不理解的一部分。"理解"这个词会让那些害怕理解、害怕宽恕的人马上跳起来。拒绝理解的人诅咒理解，因为理解可以让人停止诅咒。因此，他们宁愿一切都不理解，就好像理解是个可怕的陷阱，会造成弱点和弃权。这一蒙昧主义的论据至今仍笼罩在精致光鲜的知识界上空。

当我们在电影院时，半催眠的环境让我们相对地异化于己，把自己投射在电影角色身上，与此同时，环境也呼唤我们去理解他人。我们在看电影时能够理解并且喜欢一些人物，可要在街上遇到他却会对他不屑一顾。这就是我们一直忽略的电影信息。当我们去电影院时，是去见证人性，但很快就会忘记；我们会爱上电影里的人物，可一出电影院，我们就会转变。不过，在一部电影的时间里，人们领会了这个启示。

这是人类学角度的理解，本身包含对于人类复杂性认识的信息。它把人类理解为不稳定的存在，人的身上可能出现最好的或最坏的可能(有些人比其他人有更好的机会)，人有多元的、潜在的人性，一切皆取决于影响他们的事件和偶然性。黑格尔曾说过一句话，对于理解他人具有根本意义："如果您把罪犯称为一个犯了罪的人，那么您就抹杀了他人性的其他方面，或者说其人生中没有犯罪的部分。"①

在罪犯身上使用归谬原则也是非人性的，这一原则会让我们忘记没有一个罪犯是完全罪恶的，他也有多重人性。这一原则认为一个犯过罪的人永远都是罪犯，本质上就是罪犯，是彻头彻尾的魔鬼。

环境具有决定性作用，如潜伏的卑劣或罪恶可能会在战争的环境中被现实化（在家庭矛盾中也会出现这种情况②）。我一生中见证了无数次变故，如1941年后，一些起初对战争深感恐惧的绝对和平主义者变

---

① 黑格尔在《谁在抽象地思维?》中说："这就是抽象思维：不把杀人犯仅仅抽象为一个杀人犯，并且从这一简单的特性出发，消灭所有其他人性。"(Georg Wilhelm Friedrich Hegel, *Qui pense abstrait?* [1807], trad. par Marie-Thérèse Bernon, *Revue d'enseignement de la philosophie*, 22ᵉ année, nᵒ 4, avril-mai 1972, en ligne sur paris4philo. over-blog. org/article-13518103. html.)黑格尔认为抽象抽离了环境和背景，是思想最大的罪恶之一。

② Irène Pennachionni, *De la guerre conjugale*, Mazarine, 1986.

成了纳粹战争的勾结者。这些杀戮，也就是恐怖主义的行为，出自一些团体之手，他们在封闭的圈子里像被迷了魂一样，把全面的战争当作和平，然而，一旦圈子被打破，许多人就会重新成为和平主义者。

3. 理解的戒律

内容的理解要求从整体上理解文本和背景、物与环境、部分与整体。人性的理解要求在此基础上，还要理解他人的生活过往。

理解要求我们避免专断的、无法补救的指责，就好像自己从来没有失败或不会犯错一样。

理解要求我们先去理解不理解。

为了跨越不理解，我们要进入复杂性思想的元结构，元结构中包含着人与人之间互不理解的原因。

理解不接受拒绝，理解容不下排斥。在"叛徒""骗子""混蛋"这一类复杂又容易理解的概念中打转，就不能意识到自己的错误、迷途、意识形态上的妄想和思想上的偏离。

理解要求我们理解自我，承认自己的不足和缺陷，用"知不足"的意识来取代"自满"的意识。

理解要求我们在面对观点冲突的时候能够辩论、反驳，而不是摈除异己和咒骂。

理解要求我们超越仇恨和轻视。

理解要求我们抵抗思想深处的报复、复仇、惩罚的想法。

理解要求我们抵抗内在和外在的野蛮，尤其在出现集体狂热的时期。

将理解引入精神深层就是深层次地教化精神。除了那些暂时紧密的团体、亲如手足的瞬间，试图改善人与人之间关系的尝试以失败告终，原因就在于缺乏理解人类理解力的根源。

每一个人身上都有理解的潜力，但尚待开发。

理解是理解动机，站在背景环境和复杂性中。理解不是说明一切，复杂性的认识总承认存在不可说明的剩余部分。理解不是理解一切，理解也承认不解的存在。

理解最终带给我们宽恕和大度的能力。纳尔逊·曼德拉(Nelson Mandela)以一种崇高的姿态宽恕了几十年中各种对黑人犯下的罪恶，却从未忘记罪恶的存在。只有这种宽宏大量的做法才可能让南非实现一种多种族的生活。

所有这些都需要一种伦理的、人类学的、认识论的教育，需要教育的改革，改革涉及认识的困难及出现错误与错觉的风险。为此，我强烈建议引入关于认识的知识、关于人类的知识和理解教育。

从小学起就应该教授理解，并一直延续到中学、大学。这正是我在《未来教育所必需的七种知识》的建议书中所建议的，每所大学都应该设立一个关于人类理解研究的教席，关注人类科学的多元贡献，从文学、诗歌、电影这类人文理解中汇总获取的经验。它促进每个人的印随意识(在童年和青少年时期留下的难以磨灭的文化印记)的发展，因为只有这种意识才能激励人们争取解放。它也会孕育转变的意识，从而让每个人都可以抗争当下，避免随波逐流。它带来范式意识，从而可以达到元认知的高度。它可以证明这种意识需要自我审视和自我批评，因此可以让人意识到从思想和道德上开展自我批评的重要性，从而提升每个人的道德修养。

4. 学校中的理解

我们需要理解教育的整体性危机，辨别危机中的特殊元素，理解部分和整体之间的关系，尤其是根据全部程序的原则理解整体与部分之间的关系——不仅部分在整体中，而且整体也以某种方式存在于部分之中。在校园暴力中，教育的整体危机以这种特殊的形式呈现出来；在教育危机中，文明的整体危机以这种特殊的形式呈现出来。我们不仅需要理解，还需要在教师和受教育者中用不同的方式推广理解的伦理学，它恰如一剂良药，能消除教育的弊病。①

因此，教师本身应该践行并教授对话的伦理学，鼓励争吵的学生之间开展对话，教师和受教育者之间

---

① Élisabeth Maheu, *Formation des enseignants à la compréhension de l'élève et à l'animation du groupe*, intervention lors du colloque "éducation et humanisation. L'école à l'ère de la globalisation" organisé par École changer de cap le 2 octobre 2013 à l'Unesco. En ligne sur www. ecolechangerdecap. net, *op. cit.*

开展对话。

丹尼尔·法弗尔的教育著作非常知名，他曾经研究过攻击性产生的生物和社会条件，非常恰当地建议"将学生之间的暴力转化成矛盾"[1]，如言语和思想上的矛盾，可以开展对话，并由此学习民主。事实上，在不发生肢体冲突的前提下，民主也需要思想上的矛盾，只有这样，民主才不会日趋衰亡。因此，至关重要的是找到预防暴力行为的方法。[2]

这就要求教师拥有一种特殊的美德，一种可以缓解暴力和躁动的美德——仁爱。仁爱是孔子对于掌权者提出的一种美德要求。然而，当教师的权威被动摇，仁爱也会受到威胁。真正的教师权威在于道德权威，它体现在一股"在场"的力量中，有一种说不出的魅力，当言语能够引起他人注意和兴趣时，权威就在无形中树立起来。还要补充的是，对人性复杂性的意

---

[1] Daniel Favre, *Transformer la violence des élèves. Cerveau, motivations et apprentissage*, Dunod, 2007.

[2] 参见艾瑞克·德巴尔比厄(Éric Debarbieux，2004年起担任校园暴力国际观察署负责人)及伊莎贝拉·马赫(Élisabeth Maheu)关于无暴力校园推广的著作。

识敦促我们不能只看到一个人的缺点，而要看到他的所有方面，这样才有助于消除敌意。当然，最好可以超越仁爱，赞颂仁慈。① 仁爱、仁慈还是 Éros（爱洛斯）的近义词，Éros（爱洛斯）是教师的最高美德。安德烈·德·佩雷蒂（André de Peretti），这位伟大的仁爱之师，其所有教育学的著作都是沿着最伟大的理解这一方向完成的。②

教师应该懂得如何激发兴趣。我们现在所学的各门学科都需要激发兴趣，学科越能够激发兴趣，学习的动力就越强烈。克莱尔和马克·赫伯特-萨弗兰（Claire et Mart Héber-Suffrin）曾非常恰当地谈过这个问题③，而布里奇特·普罗特（Brigitte Prot）也为"引导学习的欲望"指明了道路。④ 许多研究者都就激发

---

① Jacques Lecomte, *La bonté humaine. Altruisme, empathie, générosité*, Odile Jacob, 2012.

② André de Peretti, *Le Sens du sens*, Hermes-Lavoisier, 2011.

③ Claire et Marc Héber-Suffrin, *Savoirs et Réseaux. Se relier, apprendre, essayer*, Ovadia, 2009.

④ Brigitte Prot, *J'suis pas motivé, je fais pas exprès. Les clés de la motivation scolaire*, Albin Michel, 2003.

兴趣提出过创造性实践的建议。许多教师都强调回归社会心理教育①的必要性。

为了避免学生之间出现敌对状态，许多作者宣扬竞争与合作(雅克·勒孔特)。

另外，预防学业失败和辍学也是重要的出发点之一。

为了能从整体上去考虑不同的问题，法国国民教育部近期的一份文件提出"学校氛围"这一整体概念，并提出了教育和教学的战略建议，要求保障家校合作，以及学校与社会合作者的联系。

因此，借助一些警觉的或处于警觉状态的教师所具有的经验，对复杂性问题和教育问题的复杂性意识更强的教育科学的专家就开始逐渐拼凑起一个拼图的各个部分，我们还应该(我希望本丛书也将有所帮助)连接起拼图的每一块，从而可以呈现整体的革新的面貌。

———————

① Maridjo Graner au colloque de l'Unesco "école changer de cap" en ligne sur www. ecolechangerdecap. net/spip. php? rubrique64.

5. 教师与受教育者的理解

我们来进一步考察课堂中的两个群体——受教育的年轻人和成年教师。

冲突总潜伏在那些掌握权威和惩戒权及被动接受的人中。除此之外，课堂中的两个群体之间还存在年龄、习俗和文化的差异。特殊的矛盾就可能在两者之间形成并发展。

6. 年轻的受教育者

在第二次世界大战前的年代，我在高中经历了一次小型的学生和教师权威之间的暗斗。它表现为各种各样的作弊，如考试时抄袭同桌的答案、传抄小纸条，提问时让别人提示答案，邻座之间交头接耳，针对不同的教师搞出不同的躁动，其中一些教师被视作嘲笑的对象。在一些学生身上则表现为分心、走神、懒惰、学习成绩差。至于我，则是从初中二年级起，在一些我不感兴趣的课上，在桌洞下我把小说放在膝盖上看。就这样，我认识了巴尔扎克和左拉。我们有一套自己的暗语，我们给老师和学监们起嘲弄他们的绰号。在我们拒绝相互告发的时候，我们感受到与"他们"相对的"我们"之间的团结。

这一切在今天进一步恶化了。

青少年获得了一种社会化的生物阶层自主性，他们通过电视和后来的互联网掌握了一种在我们那个时代所没有的文化。

来自移民家庭的年轻人——包括二代和三代——都有文化适应的困难，他们不是不能适应青年文化，而是不适应排斥或蔑视他们的法国社会。

在我那个年代的融合要素变成了瓦解要素，如法国历史。我的父母并非来自一个统一民族国家，而来自奥斯曼帝国①的一个以塞法拉德人为主的城市——萨洛尼卡市。不得不说的是，由于我的父母从小就能讲法语，所以我的文化融入过程会更容易。我与所有先前的民族和宗教文化相剥离，将交织着光荣与屈辱、死亡与重生，从维钦托利时期到第一次世界大战

---

① 土耳其人建立的多民族帝国(1299—1923)。

的宏伟史诗般的法国历史融入自身，视为自己的一部分。然而，来自马格里布或其他非洲地区的年轻人在这段历史中感受到的是殖民的屈辱，来自马提尼克和非洲的年轻人了解他们的祖先遭受了几个世纪的奴役，不可能将自己融入点缀着百合花的法国的历史。但是，他们可以融入由蒙田、孟德斯鸠、伏尔泰、狄德罗、卢梭标记的理性的历史和一段带着法国大革命时期的普遍主义理念的社会政治史。他们可以融入的教育是把法国的历史描绘成在数千年的过程中融合了各类彼此具有巨大差异的民族——布列塔尼人、弗拉芒人、阿尔萨斯人、勃艮第人、萨瓦人、科西嘉人、尼斯人、普罗旺斯人、加泰罗尼亚人、巴斯克人等——而形成的一个统一而多元的国家的历史教育。这一教育向他们展示了法国是如何自 20 世纪起在多元文化中前进发展的，先是西班牙人、意大利人、葡萄牙人、波兰人、奥斯曼帝国时期的塞法拉德人、俄罗斯帝国时期的阿什肯纳兹犹太人，后来有亚洲的中国人、越南人，还有马格里布人和其他非洲人。当然，融合对于第一代移民而言十分艰难。意大利人在抵达马赛之初被嘲讽、被蔑视，他们用了两代人的时间才通过婚姻找到了幸福归宿，实现了融合。非洲人遇到的困难更大，人们因为他们的肤色而拒绝租给他们房屋；阿尔及利亚的年轻人还带着残酷战争的记忆，在接受警察的检查时因相貌不同而遭到歧视；来自北非阿拉伯地区的穆斯林通常对巴勒斯坦人遭受的殖民化感到愤怒，并且对所谓"伊斯兰恐惧症"的加剧感到愤怒。然而，虽更加艰难，更加缓慢，出现多次失败，但融合仍在继续，（移民的）商演明星、电影明星、行政负责人和政治人物的社会地位上升都代表着融合的可能性。不过，我们不能忘记的是，历史上阿尔比派发动的战争、布列塔尼人在 17 世纪遭到龙骑兵①的迫害，都证明了外省②人的融合付出了残酷的代价。我们也不能忘记，只有当移民的自主性被承认时，科西嘉才算真正实现融合。

而当下的历史教育对于移民家庭的学生来说是瓦解器，历史教育只有教授统一法国的形成和多元文化

---

① 法国的机动步兵。——译者注
② 法国习惯将巴黎之外的地方统称为"外省"。——译者注

的法国①，才能够发挥融合器的作用。让我们再次回到对教学大纲的反思上。

即使持有法国身份证，融合的困难也不仅会引发一种陌生感，还会导致学业失败、心理不健康、痛苦，这会驱使一些人去寻找其他身份。如何避免排斥的恶性循环？被排斥者排斥那些排斥他们的人，这种做法反过来又加重了排斥者的排斥，进而加重了被排斥者的排斥。

学业失败、辍学、校园暴力不仅是发生在移民家庭后代或青年群体身上的事实，而且成为民族间的现象，还可能发生在经济困难家庭或内部问题严重（夫妻吵架、酗酒、家暴、离异）的家庭的孩子身上。当出现权威失灵、社会不公，或者湍流发展成旋涡时，这些问题可能出现在各个阶层的学生身上。有时真的让人感到恐惧：对不时出现的武装暴力感到恐惧；对排斥和惩罚感到恐惧。

学生之间还蔓延着另一种恐惧。这种恐惧不仅源

① Edgar Morin et Patrick Singaïny, *La France une et multiculturelle. Lettres aux citoyens de France*, Fayard, 2012.

于老生戏弄新生，让后者成为替罪羊，而且源于学生在放学后可能被敲诈勒索。根据德巴尔比厄(Debar-bieux)所言，7％～10％的学生都曾经受到过其他学生的伤害。

当斗争变得更为极端时，就会产生三重侮辱——学生侮辱教师，教师侮辱学生，学生相互侮辱。也会有三重痛苦、三重互不理解。

那么，该如何处理这一问题、这些病患呢？

7. 教师

柏拉图曾说过，教育需要爱洛斯(Éros)，也就是说，教育需要爱。爱是教师对其使命、职责及学生所具有的激情，从而产生救赎式的影响，开拓通向数学家、科学家、文学家的道路。古往今来，一直都有很多男女教师满怀教育之爱，比如，我在高中遇到的历史老师休戈南(M. Gugonin)先生，到了大学之后遇到的法国大革命史学家乔治·勒费弗尔，还有加斯东·巴什拉(Gaston Bachelard)和弗拉迪米尔·扬科列维奇(Vladimir Jankélévitch)，他们都受到了教育圣火的感召。

这是 20 世纪上半叶的法国乡村教师的激情，他们是手擎着零星的火炬照亮宗教蒙昧主义的世俗教士。这是中学教师的激情，他们意识到自己不可替代的文化角色，并为之感到幸福。时至今日，这种激情虽然仍存在，但整个法国中学教师队伍士气低沉，他们的地位和声誉受损，他们要面对家庭的监督，面对在青年人中不断推广的媒体和互联网文化，他们要面对一部分年轻的受教育者挑起的斗争。

意志消沉导致封闭、屈服、官僚化及爱的缺失。

在法国的大学，教师固守自己的权威，他们中的一些受到了作为搜索引擎依赖者的学生的挑战，在进入大教室前甚至要先服用镇静剂。他们越来越多地感受到威胁和不理解，包括历任国民教育部部长试图强加给他们的无关紧要的改革。

事实上，更严重的是，第二条战线已经布下阵势。我之前讲过，技术经济在政治家和企业家中盛行，它试图将效率、盈利和竞争力标准强加到中学和大学教师系统中。依据分数评估文学和哲学学科已显得专断，但这种评估方式不仅没有被评估动机取代，反而将被推广到一个庞大的量化评估系统中——整个社会都将接受评估，评估者会受到上级评估者的评估，而后者从来不知道要自我评估，也不会对其评估本身提出任何疑问。

计算(统计、民意调查、经济增长、国内生产总值)几乎占领了一切，量化驱逐质性，人文主义在技术经济的发展中日渐式微。

所以，该怎么办？

显然，这需要抵抗经济专家的治国论思想和技术专家的治国论思想的压力，并且需要文化的捍卫者和推广者，这种文化要求跨越自然科学和人文科学之间的沟壑。

这需要维护或重新发现一种不可替代的使命，教师需要有效地参与其中，开展人与人的交流，与学生对话，从而传递"圣火"，消除相互之间的误解。

教师的个人使命是向学生展现仁爱和关注，并且不排斥愚笨和低能力者，这可以让学生的个人特质被重新认识。

教师的个人使命是通过教授理解，使学生懂得班级中相互理解的必要性，师生在班级中展现理解，并得到理解的回应。

教师的个人使命是能够意识到最大的恶即侮辱他人，并把这一意识传递给学生，因为在人际关系中，最糟糕的就是相互侮辱。

这便呈现出一条道路：避免陷入侮辱的恶性循环，去找寻一种相互认可的良性循环。

╱ 四、认识！╱

错误的本质是不承认错误。

——笛卡儿

1. 认识的盲点：错误和误解

让人目瞪口呆的是：教育致力于知识的传递，但对于人的认知及其机制、弱点、困难、导致错误和误解的倾向视而不见，也丝毫不关心让人认识什么是认识。

事实上，认知不应被视为一种我们可以不考察其本质就去使用的现成工具。因此，对于认知的认识应作为首要的必需品，帮助我们去应对那些不停地麻痹人类精神的错误和误解。这就要在这场战役中武装每一个头脑，让其保持清醒。

我们有必要在教育中引入并推广对于人类认识的大脑特征、心理特征、文化特征的学习，学习认知的过程、类型，以及可能导致犯错或误解的心理和文化特点。

2. 恰当认知

还有一个总被忽视的关键，即有必要推广一种关键认知，这种认知能够在局部的知识中抓住整体性和基本性的问题。

根据学科划分的碎片化知识占据统治地位，经常导致人们不能在部分和总体之间建立联系，这种状态应该让位于一种可以在其背景、复杂性和整体性中把握客体的认识模式。

我们需要发展人类精神本身所具有的能够把全部信息置于背景中和整体中的禀赋。我们有必要教授一些能够把握复杂世界中的部分与整体之间的相互关系和影响的方法。

3. 低估错误的错误

有两种关于错误的错误：一种是高估了错误，另一种是低估了错误。

自出生之日，在未知中取得的进步、适应和改变环境的整个过程就开始了。经历各种尝试和错误不仅发生在童年和青少年时期，而且贯穿人的一生。忽略错误有多致命，发现、分析并克服错误就能产生多积极的影响。

劳伦·迭格斯(Laurent Degos)在《错误的礼赞》①一书中提到，与固守于确定性和"真理"的系统相比，错误是生命的动力，是发现和创新的源泉，揭示出乎意料的奥秘。

你寻找

印度

---

① Laurent Degos, *Éloge de l'erreur*, Le Pommier, coll. "Manifestes", 2013.

却发现

美洲①

　　总之，所有的创造在转化后的系统中成为真理之前，对它原有的系统而言，看上去都是一个错误。

　　从学校的角度来看，错误是被高估的，因为错误被看作过错。丹尼尔·法弗尔准确地将错误描述为一条信息，一条对教师也对学生有用的信息。安德烈·焦尔当(André Giordan)曾为"学校转向"协会就"积极利用错误"做过一个精彩的报告。为了弄清楚错误的原因，并对可能出现的各类原因(心理的、家庭的、社会学的)进行干预，就要采用希波克拉底式的医学方法来处理错误的症状及其原因，而惩罚只关心症状。

　　错误可能是由于不理解指令、对话题不感兴趣，或者由于学校文化有偏差。对学生而言，课堂用语并

---

　　① Andrei Voznessenski, *La Poire triangulaire*, Denoël, coll. "Les Lettres nouvelles", 1970. Traduit du russe par Jean-Jacques Marie.

不总是"透明的"。对他们来说，诸如分析、指出、解释、阐释、总结这类词的意思并不明确。错误还可能来自对于校规的错误解读，不少错误都是因为学生对某种情境的隐含意义存在解码困难。

同样，错误能够反映学生的表现，这些表现与他们的阶层或生活背景直接相关。错误可能取决于他们的推理方式，取决于他们能够做出什么样的推论、采取什么样的做法。某些障碍与学生采取什么样的行动和思考方式息息相关，因为有些行动和思考方式并不一定是恰当的，所以会不可避免地导致学生犯错。我们还能举出很多由学校环境或使用的方法问题所导致的错误。有些方法可能严重背离了儿童和青少年的需求或心理机能。

承认错误才能克服错误。教师要仔细地、带有善意地审视学生所犯的错误，使学生能够理解错误的原因、错误意味着什么，并如"学校转向"协会所指出的那样，从一种令人惶恐不安的教学转变为一种令人激情澎湃的教学。

错误被低估是因为人们可能把错误看作外在于认知能力的附属问题，然而，错误源于认识本身。人们把错误看作偶然的危机，但错误则可能威胁到所有人和人的一生。

让我们首先来思考错误的人类学问题。错误与人类的认识密不可分，因为所有的认识都是一种翻译，始于感官，尤其是视觉的翻译(落在视网膜上的光刺激转变成一条类似于二进制码的信息，这一信息由视神经传递并由大脑重构和改变，从而形成感知)。但任何翻译和重构都有犯错的风险，因此出错的风险是认知所固有的。同样，我们要知道，"把部分真理当作真理的人即陷入错误"。当我们忽略了错误在我们的事业和生活中所扮演的危险角色，有时甚至是致命角色时，我们就低估了错误。

因此，重要的是，从小学开始就要把关于认知的知识摆在教育和感知的关键位置，这包括了解恰当适切认知的困难及错误和错觉的危险。

我们还要让人了解盲目性产生的原因。

第一，问题的新特征，对以往类似经验的忽略，对错误特征的类比推理。

第二，问题的不可鉴别性，从被视为显而易见的偏见出发，或从问题缓慢的、容易出现波动的发展出发。

第三，由于知识或技术手段的局限性，或者由于极为有限的或过于迟缓的干预造成的失败。

第四，从掩盖了普遍利益的个体利益出发的行动(如对即时利益的迫切需求)。

整个中学和大学阶段的教育应该包含这种对生活的准备，而生活不过是错误和真理的一场"游戏"。①

4. 思想的改革②

思想的改革和跨学科性

碎片化的、箱格化的、单一学科的、量化的思维或认知模式会使我们盲目，在某种程度上，正常的人类联结知识的能力被牺牲了，而以此为代价，非正常的割裂知识的能力增强了。知识的超级专业化及无法

_____

① Edgar Morin, *Pour entrer dans le xxie siècle* [*Pour sortir du xxe siècle*, 1981], Éditions du Seuil, 2004.

② 出自在洛迦诺(Locarno)举行的大会上的报告，该会议在联合国教科文组织主持下由国际跨学科研究中心(CIRET)组织召开(1997 年 4 月 30 日至 5 月 2 日)。

将它们彼此联结起来造成了越来越严重的后果，我们对于教育的思考应该从这些后果出发。超级专业化妨碍了人们看到整体（整体被分割成碎片）和本质（本质被消解）。然而，核心的问题从来都不是碎片化的，整体性问题只会变得越来越核心。我们失去了概括的能力，即把知识带入一个多多少少有组织的整体，而一切恰当认知的条件恰恰就是背景化和概括化。

认识是在一个不间断的圆环中分离、分析、再联结，从而综合化或复杂化的。学科化的、割裂的普及使我们失去了联结和背景化的能力，即把信息或知识放到其本来的背景当中的能力。

这些条件更加要求我们敞开胸怀，面向一个相互团结的国际化时代。还要补充的是，因为历史上两类文化出现分离——包含文学、哲学在内的人文文化尤其为知识的反思和同化提供了可能性，建立在专业化和箱格化的基础之上的科学文化增加了反思进而整合知识的困难——因此我们一直生活在所谓分离范式①

---

① 范式：隐含认知的组织原则。见笔者在《方法 5》(Méthode 5)定义索引中的定义。

的控制之下。然而，明显的是，思想的改革不是为了消除我们分析或分离的能力，而是为了在此基础上增加联结的思想。

与我们的想象不同的是，儿童可以本能地发挥自身的综合和分析能力，他们能够本能地感受到联结和相互关系。成人创造了分离的模式，然后教育儿童构建割裂且封闭的实体。儿童被迫在孤立的范畴内学习历史、地理、化学、物理——儿童不会学到历史总是发生在一定的地理空间中，每一个地理景观都是地球历史的产物；不会懂得化学和微观物理学是在不同层次上研究同样的客体。成人教育儿童孤立地认识客体，然而，成人没有意识到也应该在环境中认识客体，生物总是从环境中汲取能量和组织的，也只能通过与环境之间的关系才能被认识。

一个儿童可以很好地理解他在吃东西时完成的不仅是一个生命必有的生物行为，还是一个文化行为，因为进食是由其家庭、宗教等所给予的标准决定的。儿童有能力抓住这一现实的复杂性，而接受学院式教育的成人却经常做不到这一点。

教师应该学习联结的认识模式，从而能够教授儿童。联结不能仅仅是嘴上说"要联系起来"，联结需要概念、观念及我定义的"联结的算符"。

系统

第一个观念或概念都涉及系统。这是一种近期重复出现在我们认知中的方法，与还原的方法相对。还原的方法认为有了对部分或基本要素的认识就足以认识整体，整体最终无非就是部分的组合，以组织的形式存在。实际上，以组织的形式存在意味着整体大于各部分之和；或者换句话说，一个有组织的整体(即系统)能够产生或促进产生分离的部分所不具有的新特征——(新思想或现象的)迸发。分散的要素结合起来，如众多大分子的结合并聚合，就能产生最初的生物，这难道不是宇宙最伟大的奥秘之一吗？认识的、记忆的、运动的、自我再生产的新特征又产生了多少新的组织类型？

可以说，系统的概念或组织的概念——这是我最喜欢的一个词——能够使部分与整体联结起来，并且能使我们摆脱片段化的知识。

循环

第二个重要的概念就是循环，或者说圆环。这一概念经常被使用，但一直没有被命名。帕斯卡说："我认为不认识部分就不可能了解整体，不认识整体也不可能了解部分。"他的用意是强调真正的认识是一种可以在整体的认识和部分的认识之间循环的认识。就此我们可以举一个熟悉的例子：翻译外语时，我们首先努力把握句子的整体意思；我们认识单词，也可以去查字典；单词会帮助我们思考句子的意思，而句子也能帮助我们理解单词，从单词的众多意思中挑选出那个唯一符合的；通过这种循环，如果每一步都顺利完成，就可以完成一次好的翻译。

圆环的概念更有意思，也更丰富，因为它不仅有控制环的概念，不仅是消除偏差，从而维持系统或机体的恒定状态；而且有一个强有力的概念是自生圆环，或者叫回归圆环，也就是说，效果和产出成为生产的必要条件，同时也是效果和产出的原因。我们本身就是这类圆环的典型例子，我们既是生物再生产循环的产物，又是维持这一循环的生物再生产的生产者，我们是具有生产力的产品。同样，社会是个体互动的产物，但从社会整体来看，互动产生的新特性也会反作用于个体，如语言、文化，个体也由此不断完善。个体创造了社会，社会造就了个体。

于是，我们可以得到两条重要的结论。首先，按照传统逻辑，具有生产力的产品是说不通的；其次，我们发现了自我生产和自我组织的概念。进一步讲，在这个新概念中（对于那些如同星体的物理现象，尤其是对于那些鲜活的现实而言，这是一个核心概念），我们不仅可以建立自主性，而且可以将自主性与再组织或再生的不间断过程联系在一起。

我们时刻都在经历再生：我们体内的分子衰落，接着被新的分子取代；我们体内的细胞死亡，接着被新的细胞取代；我们的血液循环并给细胞输送氧气；我们的心脏跳动，从而维持血液循环。我们生命中的每时每刻都是再生。可以说，生命只有再生才能自我生产、自我维持，我们的生命依赖于再生这一永恒的过程（吸入氧气，心脏跳动，将氧气通过血液运送到机体的细胞中，并不断地带走细胞的代谢废物）。如果我们从自我组织和自我生产的层面思考，我们就会像海因茨·冯·福斯特那样意识到自我组织其实是一个悖论：一个生命体，一个自我组织者，一个自我生产者，因为其消耗能量，减少能量，所以要从环境中汲取能量，也就是在依靠环境的同时获得自主性。两种文化的分离使自主性只是一种形而上学而非科学的存在，但这里我们讨论的自主性不仅是飘在天上的形而上学，也是接地气的，在依赖性的基础上建构起来的自主性。我们的精神越想要变得自主，就越需要从不同的文化和知识中汲取营养。施罗丁格（Schrödinger）早有陈述，我们的本质中含着他者，我们本身就是环境中的他者。我们社会化个体的身份，带着人类通过遗传继承而来的他者，还有从兽性继承而来的冲动。由此，我们得到了一些促进联结而非分离的概念。

辩证逻辑

我将第三个概念称为辩证逻辑，它可以被认为是来自辩证法的。这里的辩证法不是通常理解的黑格尔辩证法的还原法，即仅通过综合来克服矛盾，而是将它理解为对立过程或对立主体必要且相互补充的存在。

对立的互补性结合可以让我们将相互排斥的概念联结起来，如生与死。还有什么比生与死更对立的吗？毕沙（Bichat）将生命定义为对抗死亡的功能集合。

前文提到了生命的过程、再生的系统是如何利用细胞的死亡、通过新生细胞实现更新的。换句话说，生利用了死。同样地，生态学的营养循环使生物之间有捕食关系，生物以其他生物的死亡维生。死亡的动物成了食尸虫和其他微生物的大餐，这还不算一些单细胞机体和矿物盐被植物所吸收。换句话说，生与死是一个硬币的两面。这就把毕沙的表述变得更为复杂：生命是利用死亡的力量来维持自身的对抗死亡的功能集合。维持生命的方法并不能掩盖生与死是两个绝对对立的概念的事实。所以在这一点上，联结概念的可能性并不会否定它们之间的对立。

全息原则

我把第四个概念称为全息原则。它指的是在一个系统或一个复杂的世界中，不仅部分存在于整体中，整体也存在于部分中。不仅个人处于社会中，社会也在人刚出生时就存在于人的内部。社会将语言、文化、禁令、规范灌输到个人身上；个人身上也存在着形成于宇宙诞生之时的基本粒子，存在着比我们的太阳更早形成的碳原子，存在着在生命诞生之前就已经形成的巨分子。我们的体内蕴含着矿物世界、植物世界、动物世界(脊椎动物和哺乳动物)等。最后,国际化出现在我们每个人体内:每天早晨,我用日本收音机听世界新闻,泡一杯中式茶或哥伦比亚咖啡,吃一个来自摩洛哥的橙子、非洲产的香蕉或凤梨;我身穿一件用埃及棉织成的针织衫,搭配一件产自中国的衬衣和一件澳洲羊绒衣;我所使用的这台电脑的零部件是由一个亚洲国家生产的,而电脑的组装却是在美国;我开一辆韩国车。以此类推,无论是在法国北部的那些被抛弃了的冶金工厂和纺织工厂里,还是在博斯地区的那些专用于出口粮食的粮田里,抑或是在中日游客摩肩接踵的埃菲尔铁塔前的那条大街上,国际化都随处可见。

从某种程度上讲,我们不是传统意义上宇宙的映像,而是与宏观宇宙相同的微观宇宙;恰是作为个体,我们具有宇宙的整体性,同时处在一个可以被建立的更大的联结中。

复杂性思想

不是要摧毁，而是要联结。

——埃德加·莫兰

改革思想就是要增加联结模式，我称之为复杂性思想，但对于这个词存在一种误解：一些人总能听到"复杂的"这一词，他们认为我把它理解为思想的发展。我回答他们，其实他们搞错了，因为这样使用或者自认为这样理解这个词，恰恰显示出我们在描述这个词时的混乱、困难和无力。我要说的复杂性思想是借助一种有组织的思想，即分割和联结的思想，来克服混乱、困难和无力。

思想的改革会遇到有利或不利的条件。

两场伟大的科学革命就是有利条件。第一场科学革命发端已久却远未结束，它就是源于 20 世纪初的量子物理学，它完全颠覆了我们对于现实的认知，彻底打碎了纯粹的宇宙机械观，这场革命随着物理宇宙学的兴起而发展，物理宇宙学消解了静态宇宙，将宇宙纳入一段有始或有终的历史。

第二场科学革命初露头角，表现在某些我们所称的系统科学中，这些科学切实地创造了复杂的、多学科的方法，如地球科学、生态学和宇宙学。在生态学中，生态学家就好比乐团团长，需要依靠动物学家、植物学家、生物学家、物理学家、地质学家等人的专业能力来解决生态系统中的失衡、调节和无序的问题。系统的客体不会被按照学科割裂。

两场科学革命方兴未艾，它们都是思想改革的有利条件。

在过去的观念中，不谈本质、宇宙和人类概念的科学之间不可能出现任何对话。而从复杂性思想出发，我们就重新找到了既可以划分人类、自然和宇宙，又可以将其联结在一起的可能性。我们能置身于局部和整体相互联结的宇宙中，重建科学和人文两种文化之间的对话。

不利条件则来自思想结构、制度结构、思想内部分割和还原的范式，哪怕有人具备超越分割和还原的观念。例如，我们在勒内·托姆（René Thom）身上仍可以看到决定论，虽然他的整体思想已经可以超越决定论。我们再一次陷入因果循环：思想的改革需要制度的改革，而制度的改革又需要思想的改革。我们要把这种恶性循环转变成为一种生成性循环，条件就是在某处出现一个能够扩散并且能够演变为一种趋势的偏差。我在别处曾以现代大学为例，即洪堡在 19 世纪初期建在普鲁士的现代大学。

思想的改革和教育的改革

我认为，为了能真正实现一场范式的转换，改革就不能仅在大学层面，应该从初等教育层面就开始。难题是教育教育者，这也是马克思在一篇关于费尔巴哈的著名论文中提出的问题：谁来教教育者？这一问题已经有了答案，即在受教育者的帮助下进行自我教育。

如果广大哲学教师、历史教师、社会学教师能够唤醒自身的兴趣和爱（Éros），就能自觉拓宽文化面，为共同的教育与其他学科的教师建立有机联系。

另外，教师培训机构的革新能够让教师在教学中引入并发展出新的知识。

近几十年来，研究者和教授们的成果为宇宙学、物理学、生物学和人文知识的联结创造了可能性，并勾勒出一种真正的文化，比如：米歇尔·卡塞（Michel Cassé)、休伯特·里维斯(Hubert Reeves)、郑顺(Trinh Thuan)帮助我们认识宇宙中的自己的著作；让-迪迪埃·樊尚(Jean-Didier Vincent)、安东尼奥·达马西奥(Antonio Damasio)有关大脑/精神关系的著作；普里戈金(Prigogine)、伊莎贝尔·斯坦厄斯有关复杂性理论的著作，以及我本人有关复杂性思维的导论；米歇尔·塞尔、巴沙拉布·尼克莱斯库(Basarab Nicolescu)关于跨学科思想的作品。这些仅是这类丰富文献的冰山一角，旨在增进智慧、锻炼意志。书籍能开辟道路！

疑问的程序

当下程序化的思想摧毁了人与生俱来的好奇心，它本是面向人类、生活、社会和世界的全部意识。这种关切促使我们在最初的问题中寻找教育的出发点，从小学开始研制一套疑问的程序。人类提出问题，发现人类生物的、心理的(个体的)、社会的三重本质。就生物学提问，发现所有生命体与其他生物化学体的构成元素相同，而组织结构不同。这就涉及对物理和化学学科的疑问，以及对生物组织的特有疑问。

为了理解何以把人类纳入物理和生物世界，以及人类的特殊之处，我建议人们按照我们现在所能够描绘的认识讲述宇宙的历史，指出哪些是假说，哪些是未知，哪些是神秘的。粒子形成，物质聚合成原星系，然后形成恒星和星系；碳原子早在太阳系形成之前就已形成，之后或许借助了来自陨石的物质，在地球上形成了大分子。从提出生命诞生的问题出发，进而引出生物组织本性的问题。

这样，物理学、化学、生物学等泾渭分明的学科就不再相互隔离。

从人类的进化出发就会提出有关智人、文化、语言、思想的问题，这就诞生了心理学和社会学。学校应该提供一些联结生物学与人类学的课程，让学生明白人既是百分之一百的生物体，也是百分之一百的文化体；生物学所研究的大脑和心理学所研究的思想是同一现实的两个方面，而思想的产生离不开语言，也就是文化了。

我坚信，从小学阶段开始我们就可以尝试推行、激活联结的思想，因为这种思想存在于所有儿童原始的、本能的状态中。这些可以依靠伟大的探询，尤其是伟大的人类学探询得以实现：我们是谁？我们从哪里来？我们要到哪里去？很明显，如果这些问题被提出，我们就可以通过一种合适的、渐进的教学法来回答儿童：我们依靠什么？我们是如何成为生物存在的？这些生物存在为何能同时是物理化学的存在、心理的存在、社会的存在、历史的存在，以及在一个经济贸易繁荣的社会中的存在？由此，我们可以将其分流、梳理、延展，得到分离的科学，并指出它们之间的联系。从这些基础出发，我们能够使学生发现复杂性认识中系统论的、全息的、两重性逻辑的模式。

在小学，以太阳为例，我们能够指出它的庞大组织，从它连续的爆炸现象中引出有序和无序的问题。我们可以强调太阳相对于地球所扮演的角色，以及生命所不可或缺的光子的角色，从而思考万有引力、运动、光线、水圈、岩石圈、光合作用等。我们能够把太阳与其在人类社会中扮演的角色联系起来，如历法的制定、伟大的太阳之谜……

中学阶段应该是一个会通知识，提高文化素养，接触人文与科学文化，丰富科学精神和哲学精神的阶段；应该是一个对科学及其在当代世界中的状况进行思考的阶段。文学也应该扮演突出的角色，因为文学本身就是生活的学校。在文学中，我们学会自我认知与自我认同，认同我们的感情，如在小说中我们可以认识人类的主体性和复杂性。拉·罗什富科(La Rochefoucauld)曾说过，没有爱情小说就没有爱情。当然他有所夸张，但爱情小说让我们看到我们爱的方式、对爱的需求、我们对爱的倾向和欲望。赋予文学存在的、心理的和社会的地位是十分必要的，但学校常趋于把文学学习简化为表达方式的学习。同样，通过学习诸如《蒙田随笔》等自省类题材的伟大著作，我们还强调主动认知对于每个人的必要性。我们从每个人身上表现出的自我辩护、自我神话、自我麻醉及自我欺骗[①]的永恒倾向出发，思考主动认知的问题和困难。

这里还要肯定学习历史的重要性，并且要提高其难度。历史已经演变为经济进程史、生活观念史、死亡史和习俗史，其复杂程度不断加深。历史应该越来

---

① Edgar Morin, "Réhabiliter et ré-armer l'introspection", dans *Revue de psychologie de la motivation*, Cercle d'étude Paul Diel, n° 9, janvier 1990.

越多维，将曾经在某个阶段试图掩盖的事实重新引入。历史把我们与过去相连——国家的过去、各大洲的过去、人类的过去；从这些过去出发，把我们与我们自然的、各大洲的和人类的多重本征相连。正如我所指出的，法国人应当在法兰西化的视角下重新审视法国的历史。

那么，大学应怎么做呢？我已经说过必须要克服非此即彼，并非要在使大学适应现代化与使现代化适应大学中二选一，大学应该做到兼而有之。但大学被残酷地拉向一个极端——使大学适应现代化，即走向专业化、技术化和经济盈利。洪堡认为，这种超适应性是一种危险，他曾说过："大学的使命是传播知识和文化的基础，职业教育则应当由专业学校完成。"大学首先是一个传承和创新知识、观念、价值观和文化的地方。当人们认识到这就是大学所扮演的主要角色时，大学跨越历史的性质就凸显了出来；大学本身就是一种集体文化遗产，不仅是国家的遗产，也是人类的遗产，大学是跨越国界的。而我们现在要做的是把大学变成跨学科的。为此，就应当把我所提到的思想改革的原则和操作办法引入大学。这些原则和操作办法能够通过一种有机的、系统论的关系把各个学科联结起来，同时又能让各个学科自由发展。

科学的圆环

每所大学都能拿出十分之一的课程用于跨学科教学。比如，开设一门课程，教授宇宙、物理、生物、人类学的关系，以及皮亚杰所描述的科学的圆环。这个圆环要说明什么呢？圆环是要避免科学形成等级或成为金字塔，如认为物理学是基础，其地位在生物学和人文科学之上；显然，我们首先是物理世界中的物理存在，其次是生物世界中的生物存在，最后才是社会和历史中的人的存在。圆环的观点源于一个事实，即物理学本身也是在社会历史的演变过程中发展起来的，尤其是在 19 世纪；也就是说，物理学不是认识的首要基础，因为它本身就是历史学-人类学-社会学的产物，这一事实将物理置于圆环中。人文科学离不开自然科学，而自然科学也离不开人文科学。科学的圆环这一关键概念还可以帮助我们克服还原论、割裂和等级化。

学会学习

让我们总结一下。

学会学习，就是要在分离和联结、分析和综合中学习。

第一，学会不再把客体看作自我封闭的东西，而看作一些相互联通、与环境联通的系统，这种联通同时也是客体组织和本性的一部分。

第二，超越"原因—结果"的线性因果关系，学习相互的、关系间的、循环的(反馈的、回归的)因果关系及因果性的不确定性(为什么当系统影响的反应不同时，相同的原因总会造成不同的结果；为什么不同的原因可能产生相同的结果)。

第三，学会迎接复杂性的挑战，这些挑战来源于认识和行动的各个方面；学会一种善于回应这种挑战的思维模式。

这一思维模式要求观察者融入观察，即自我检查、自我分析、自我批评。自我检查应当从小学就开始教，并且应当贯穿于小学教育的整个阶段。要特别研究错误或曲解是如何突然出现在那些最可靠或最具说服力的论据中的；思想如何掩盖了事实，进而妨碍人们看世界；对事物的看法为何较少地依赖于获取的信息而更多地源于刻板印象。

为了培养这种思维模式，应该引导教师接触我所说的一种新模式的科学，即生态学、地球科学和宇宙学。

生态科学的教育

越来越有必要将生态科学作为一门完整的学科引入整个教学阶段。事实上，这门科学从根上重建了自然与文化、人性与动物性的根本关系，这些关系在一些宗教中是割裂的，而当下的文明更是加剧了这一割裂状态(在笛卡儿看来，人类成了自然的主人和占有者)；从 20 世纪开始，这一割裂状态不仅破坏了生物圈，还侵蚀了造成这种破坏的文明本身。

生态科学是学习系统认识论的典型案例，因为它是以生态系统的概念为基础的跨学科知识，包括地理、地质、气候、物理、化学、细菌学、植物学、动物学等，并且越来越多的人文科学知识被引入生态学，因为恰是从农业开发到大规模工业生产这些人的活动改变了生态系统，乃至更广范围的生物圈。

因此，生态科学成为一门复杂的科学，合理地将不同学科联结起来，通过这种联结，生态科学让我们关注到人类与自然、人类与地球母亲之间重大而且紧迫的问题。生态学知识也因此变得重要而且紧迫，它可以刺激我们关注到生态圈恶化及其给个体生活、社会、人类带来的越来越严重的危害，它可以激发我们对此采取必要的措施。

其次，地球科学 20 多年来的发展也让我们认识到地球这一庞大、复杂系统的一致性。在此之前，不同学科对这一系统分别开展研究，而在今天，不同学科可以摆脱还原论而联结在一起。对于孩子们而言，能够看到地理学、地震学、气象学、地质学等如此多元的学科在历史研究和关于地球生命的研究中联结在一起，是多么让人激动的事情啊！

最后，宇宙学试图回答关于宇宙起源及其未来的问题。我们可以让孩子们懂得，我们完完全全就是这个宇宙的一部分，构成我们的基本粒子与构成早期太阳的基本粒子是相同的；与此同时，我们的人性又将我们同其他区别开来，在我们和自然之间划分界线。我们应当让孩子们感知到太阳系在浩瀚无垠、深不可测的宇宙中是渺小和边缘的，感知到我们人类家园所处的小星球是数以万亿的行星中的一个。

思想和伦理的改革

重要的是谈谈知识圆环可以带来的伦理学结果。事实上，道德、团结、责任不能以一种抽象的方式强加于人；我们不能像用漏斗填鹅一样将它们生硬地灌输于人。我认为，这些概念应当借助思想模式和生活经验引发出来。联结的思想指出现象之间的关联性，这种思想将我们同宇宙联结起来，不会把我们简化成物理的存在；这种思想向我们展示了我们物理宇宙学的起源，指出我们也是涌现之物。我们身处自然，却又在两重性逻辑的关系中处在自然之外，不过，联结的思想带给我们统一性。因此，今日的生态学强调我们与我们破坏的自然之间的根本统一性。

然而，是什么摧毁了这种团结一致和责任？是从个人主义向利己主义的退化，同时也是专业人员、技术人员、专家，以及行政人员、办公室工作人员箱格化、碎片化的工作模式。如果我们不用整体性的眼光去看待我们的工作，以及我们生活的城市，我们就会自然而然地丧失责任感，至多对我们自己的小营生留有最低限度的职业责任感。至于其他，正如艾希曼(A. Eichmann)以及那些把感染的血液献给血友病患者的人所说的："我听从指挥。"我们服从命令，我们听从指挥。只要我们不尝试去改变这种知识的组织模式——同时也是社会组织的模式——所有关于责任和团结一致的说法就都是无稽之谈。

思想的改革能够唤起我们每个人的憧憬和天生的责任感，让团结一致的精神获得重生，这种精神或许在某些人身上表现得格外明显，但它实际上潜藏在所有人身上。思想和教育的改革不是唯一能在其中发挥作用的因素，但却代表了主要的建设性因素。

另一个伦理学角度的重要结论就是：跨学科思想呼唤理解的伦理。一个人就是一个星系，拥有其内在的多样性。一个人并非在任何时刻都是同样的存在；他在生气时、恋爱时，在家里、办公室里，都是不一样的。我们都是寻求一致性的多样性存在，双重或多重人格的现象常被认为是病态的，但它们其实都是常态的夸张。

我们是多样的，可能在某些事件、偶然性或特殊时机下发生变化。在法国被德国占领期间，我看到了多少和平主义者变成了叛徒，他们的改变受控于某些自己也意识不到的过程。如果我们了解这种人性的多样性，如果我们看到这种多样性所经受的一切，我们就会认同黑格尔所说的：如果把犯了罪的人称为罪犯，就是毫不考虑其全部性格特点，而把他简化并封锁在某一行为中。把一个人简化为他的过去，就是把他与他未来的变化割裂开。我们既不能把他人简化为他最差的一面，也不能简单地把人归结为其过去的错误。

还原论的趋势剥夺了我们理解的能力：人与人的相互理解、国家之间的相互理解、宗教之间的相互理解。还原论导致城市之间、我们与他人的关系之间、夫妻之间、父母与孩子之间充满了不理解。

没有理解，就没有真正的文明，人与人的关系就是原始的、野蛮的。如果相互不理解，我们就仍处在蛮夷的状态。古老的野蛮行为在一些地区重新出现，也可能会出现在我们身边。在这个所谓文明的国度——法国，一次思想变革所能带来的伦理的变化将是不可估量的。正因如此，我们才能真正认识到思想变革本身包含活力，这些活力超越了教育的单纯改革。

思想变革引领生活本身的改革，后者对于美好生活而言是必不可少的。

/ 五、学会做人 /

1. 人的境遇

　　教学大纲缺少关于人的境遇的知识，关于人的知识都被分散或箱格化在人文科学、生物科学(生物学研究大脑，心理学研究精神)、物理科学(人是由分子、原子等基本粒子构成的)、哲学、文学和艺术等各类学科中，没有这些知识，我们对于人的了解就不够完整。从历史的角度讲，我们应该把人放在一个新的大叙事中，先是宇宙诞生，然后太阳在几十亿年前在宇宙中形成，然后逐渐聚焦到众多行星中的一个——地球，它经历了生命的冒险，孕育了哺乳动物，先出现了灵长类，后来出现了一种奇特的两足动物，这种两足动物在新的历程——猿人进化中直立起来，人类出现，发展到今天出现经济全球化——经济全球化本身也只不过是未知历程的当前阶段①。

因此，我们应当承认人的复杂性：人是个体—族群—社会的三位一体，三者不可分割，形成递归圆环②，相互包含。因此，个体不仅是其所在社会中的一小部分，而且整个社会都通过个体的语言和文化得到表达。不仅个体是人类种群的一小部分，而且整个种群都通过个体的基因遗传及每个细胞在个体身上得到表达，甚至还依靠脑的功能在个体的精神层面得到表达。

人同时是物理的、生物的、心理的、文化的和历史的存在。人在本性上所具有的这一复杂的同一性在学科教学中被彻底瓦解，导致我们难以理解人类到底指什么。我们应该重建这一复杂的同一性，从而使每个人不管身处何方都能够认识并意识到自身作为个体

---

① Cf. le grand récit, pp. 97-105.

② 递归圆环：递归中，原因和结果是构成和表达因果关系不可或缺的；因此人的个体是（种群）再生产过程的结果，但同时两个个体的人又是再生产过程中必不可少的因素。

的特殊性以及与其他人所具有的共性。

因此，人的境遇应该成为各类教育的主要内容。

这就涉及如何从当前的学科出发，将分散在各类自然科学、人文科学、文学、哲学中的知识整合并组织起来，认识到人的复杂性和同一性，同时指出人的同一性和多样性之间存在不可消解的关系。

讲授地球人的身份认同

被教育忽略的另一个关键现实是人类所居住的星球未来的命运。在 21 世纪，我们有关地球纪元发展的知识继续增长，有关地球人的身份认同对于我们每个人来说都是必不可少的，这些知识应该成为教育的重要内容。

明智的做法是讲授地球纪元的历史，以 16 世纪各大洲之间的相互交往为发端，指出世界各个部分是如何相互依存的，同时不掩饰曾经泯灭人性的且现在依然没有彻底消失的各种压迫和侵略。

教育应当指出 21 世纪特殊的地球危机的复杂性，所有人今后都要面临共同的生死存亡问题，共同生活在人类命运共同体中。

2. 大叙事①

在年鉴学派、马克思主义、结构主义的共同作用下，历史事件相对于漫长的历程来说只不过是无关紧要的泡沫，甚至会掩盖真正的具有决定性的经济和社会要素。艺术家、作家和哲学家都只能描述其所处的时代，从不能超越时代。某段历史总有一天会被逐出历史的舞台，就在这时，哲学家利奥塔(J.-F. Lyotard)敲响了"大叙事"的丧钟。当然，"大叙事"追求的是关于人类的马克思式的历史叙事，从早期的共产主义到最终的共产主义，恰恰强调了人类历史的断续性，但利奥塔忽略的是：大叙事既可以包含断续性，又可以包含连续性。

在利奥塔宣布大叙事死亡的时候，他尤其忽略的是在我们的认知中可以形成的最宏大的叙事，一个始

---

① "L'Histoire a conquis l'Univers", dans *Hommage à André Burguière*, sous la direction de Myriam Cottias, Laura Downs, Christiane Klapisch-Zuber, Presses universitaires de Rennes, 2010.

于 130 多亿年前的叙事——在未知旋涡中孕育，并逐渐生成原子核、原子、星系、天体，这是有关我们宇宙历史的叙事。随后，46 亿年前，这个叙事另辟蹊径，转到了太阳系中的一个行星上，这里有生命的诞生，有动植物的发展；叙事描述了进化的历程，从脊椎动物到哺乳动物，再到灵长类动物，然后，几百万年前出现了人类的祖先——两足行走的特殊生物，从此，在宇宙的宏大叙事中一个新的大叙事开启，这就是人类进化的叙事。智人的出现使叙事得以继续，随后又发展为散落在地球各处的古代社群的叙事。之后，不同大洲上出现了有历史的社会，随之出现了编年史，继而有了城市和帝国，然后经历了文明的伟大创造以及战争、屠杀和灾难，又出现民族国家。这段历史一直延续，从充满统治和奴役的 16 世纪到今天的经济全球化，地球的各个部分已变得相互依赖，这段历史给人类编织了新的希望，也带来了新的致命威胁。探险仍在不确定性和未知中继续。

人类的历史是一部非连续性的大叙事，充满各类突变、事件、事故、灾难、发明、创造。所以我们可以确定地说，历史包含突变、事故和革新，既是漫长的历程，又有突发事件；既有停滞，又有革命。历史不仅合法地代表了人类复杂且完整的历程，还规定了人类进化、生命和宇宙的适切性——我们随后会看到这一点。

人类进化不是从某一祖先的后裔逐渐进化成智人的简单过程。现在我们知道，在几百万年以前曾有几种原人类相互竞争，能人被直立人代替；当智人占领欧洲地区时，他们的近亲尼安德特人已经存在，并且同样掌握制造工具的本领，具有丧葬的习俗。尼安德特人的消失是源于智人的杀戮，还是源于某种智人可以免疫的病毒？无人知晓。但可以说人类进化不仅是一次历史的发展，同时还夹杂着事件、事故、灭亡和创新，它既是连续的，又是断续的。大脑的发展是通过断续性实现的，因为发达的大脑代表着新发展阶段的出现，比如智人，他们的脑容量可能由于基因突变而增加了一倍。基因突变总带来间断性，导致人类进化阶段的更替，直到智人建立了他们的"帝国"。人类独有的具有清晰发音的语言的出现，与文化的出现密不可分，恰是人类的直立行走和脑容量的发展使之成为可能并成为具有奠基性的事件。因此，人类进化揭示了一段多维事件的、连续的/断续的历史，也就是一段复杂的历史。

史前社会是狩猎采集者组成的小社会，各个小社会有着各自不同的神话，以及对于环境和气候的适应方式。众多史前社会的简单历史都包含在一个历史现象中：人类全球范围的迁徙以及与其相关的语言、习俗和文化的高度多样化构成了全球融合。

那个时候条件还不成熟，史前的微型社会逐渐集合并发展为大型古代社会，伴随农业、定居、城市、政府、军队、社会阶层、奴役、主流宗教、精美宏大的艺术品等的出现，历史的大幕也在全球各地逐渐拉开。总体来讲，历史诞生于一系列整合的、蜕变的事件，既包括战争、帝国的形成和毁灭、某一场决定社会发展命运的战役，也包括社会内部的事件，比如政变、弑君、暴动、镇压及类似于罗马从乡村小国到帝国的脱胎换骨的蜕变。

因此，历史既是塞诺博斯式的，也是布罗代尔式的；既是马克思式的，也是莎士比亚式的；既是创造性的，也是破坏性的。历史既因循漫长的过程，也会因为某些事件而突然转向，正如亚历山大的探险、穆罕穆德的预言和圣保罗的耶稣预言。正如在封建社会中诞生的资本主义，在 17 世纪产生的现代科学，在 19 世纪在西欧广为流传的社会主义思想，这些变革会成为一种趋势，并通过发展成为改变社会的伟大的历史力量。庞大的帝国有时会坍塌在侵略者的脚下，留下一片残垣断壁，尸横遍野；有时则毁于内部分裂，并常常伴随着外力的威胁。应当在人类历史中引入"灾难"这个词，如苏美尔、阿卡德、巴比伦及波斯帝国的衰落，阿兹特克文明、玛雅文明、印加文明等众多文明的消失，奥斯曼帝国、奥匈帝国的解体，苏联解体等。还应当把蜕变的概念引入人类历史，因为人类历史恰是源于一场场蜕变，从没有农业、没有政府、没有城市的远古社会蜕变为古代社会，从封建欧洲蜕变为现代欧洲。

如果我们从各个复杂的层面对人类历史进行考量——宏大与没落、创造与毁灭、延绵不断与风云突变、进步与倒退——我们就能在生命和宇宙的历史中找到这种历史，这就是我们曾认为的连续且线性的生物进化和静止不动的宇宙向我们揭示的历史。

生物进化是历史性的，其发展方向是从单细胞生物到多细胞生物；植物建立了光合作用机制，并以此来吸收光能；动物身上长出了鳍、爪子或翅膀，以及心、肝、大脑等器官。如柏格森所言，进化是创造性的；或者说，创造性是进化的动力。共生和蜕变都是生物进化的动力，就像两个单细胞共生形成了多细胞集体具有的真核细胞；就像毛毛虫蜕变成蝴蝶或蛾。然而，生命的历史也经历了诸多改变生命历程的灾难。如今我们知道，一场发生在古生代的最后一个纪，即距今约 2.5 亿年的二叠纪的灾难几乎使所有物种灭绝，生命的演进在新的基础上重新起航。我们还知道约 6500 万年前，可能是由于火山爆发和(或)陨石撞击导致了恐龙基本灭绝，生存的机会给到了小型哺乳动物——也就是我们的祖先。同样地，侵略、占领、文化碰撞引起的通婚也是人类历史的特点之一，如大部分法国人都是多种混血；同样地，正如让-克洛德·阿梅森(Jean-Claude Ameisen)所说的："所有的细胞，从最简单的到最复杂的，都是不同种类生物的混合体，是一个杂交物。"①同样地，人类社会的历史、生物机体的历史都是一场场战争，这些战争不仅包括对手之间争夺猎物的战争，还包括细菌与病毒和生命组织之间的战争——生命组织拥有像堡垒和军队一样的免疫系统，对抗细菌和病毒的入侵。这场战争永无休止，因为细菌对抗生素产生了耐受力；病毒不断地变异，从而骗过它们所攻击的机体的防御，就像流感病毒和艾滋病病毒。人类历史所具有的基本特征在生命发展历史中也可以找到。

因此，与其说生命的进化包含多种形式的历史，倒不如说生命的多样历史包含进化的多样性。

生命本身大概源于地球上的一个独一无二的事件。因此人们曾假设，在特殊情况下，一个巨分子旋涡不断扩大、不断复杂化就能够转化成一个自调节生物，即一种拥有一些不被物理化学界所了解的品质和特性的生物——尽管从严格意义上讲，它也是由物理

---

① Jean-Claude Ameisen, *Dans la lumière et les ombres. Darwin et le bouleversement du monde*, Fayard/Éditions du Seuil, 2008.

化学要素构成的。生物的出现就成了物理化学进化的一次关键性成就，它产生了越来越复杂的分子，将能够自我复制的分子(脱氧核糖核酸和核糖核酸)和蛋白质集合成一个实体，这个实体变成生物，并从环境中获取营养。

以一种建设性的、根本性的方式，宇宙走进历史，历史也走进宇宙。哈勃首先发现了星系的膨胀现象，打破了恒态宇宙假说；然后人们假设宇宙是诞生于一次早期的、热本质的、爆炸的事件；通过对来自当前宇宙各个角落的化石进行辐射探测，人们已经证实确实存在被称为"宇宙大爆炸"的初始事件。在最初的几秒内，基本粒子就出现了，它们相互碰撞、相互抵消，重组成原子核，再组成原子；或许从一开始，基本粒子就出现、相遇，它们要么相互碰撞、相互消灭，要么组合在一起，相继形成了原子核和原子。在重力的作用下，初始星系形成，宇宙尘也在不断升高的温度中聚集，催生了无数恒星，而且新的恒星还在不断诞生中。但是，恒星一旦耗尽内部的燃料，注定走向衰亡。热力学第二定律是关于衰退、分散的定律，也就是死亡的定律。根据这一定律，宇宙的历史就是组织(原子、分子、天体)从形成到衰退直至最后瓦解的历史。

当然，宇宙的历史、生命的历史和人类的历史都包含强大的断续性。生物历史的规律不同于物理历史的规律，随着无数物种的创造和进化，生物历史包含对于固有环境和固有生物的适应性、对抗性以及固有的互补性。人类历史的规律不再是生物进化的规律，后来出现并发展的是文化和社会的进化。不过，还有一种复杂的一般性历史观，它包含一种在有序、无序和组织之间的永恒辩证，包含创造、复杂化、倒退、灾难，包含转化或破坏性事件及持久性的过程。

一般性历史观把循环时间、重复时间、周期性时间与不可逆时间结合在一起。因此，行星绕着太阳转，地球上昼夜交替，四季更替；各个文明按照其他天体和地球本身的周期性时间建立了自己的历法，周期性时间来源于不可逆时间，又最终被不可逆时间吞噬。

因此，便有了不同的历史：宇宙的历史，生命的历史，人类的历史。但普遍历史建构了一种有序—无序—组织的对话逻辑，将不同的历史，包括各类创新和创造，以及瓦解和死亡的历史都纳入其中。这一历史将走向何方？无人知晓。关于宇宙的最新研究向人们宣告，在看不见的、强大的黑洞能量的作用下，聚集万物的重力可能会因分散而失效，正如诗人艾略特（Eliot）所说的："它将在一声叹息中死去。"显然，人类的历史只是普遍历史的一个分支。太阳注定会走向灭亡，此后，人类的历史也将不能在地球上继续，即使人类迁往其他星球，也只是推迟死亡。

人类的历史嵌入人类进化的大叙事，人类进化又嵌入生命的大叙事，生命的大叙事再嵌入宇宙恢宏的大叙事。我们自身也体现着宇宙的历史，并将它推向一个新的现实高度。同人类的历史一样，宇宙的历史也是莎士比亚式的——"如同一个愚人所讲的故事，充满着喧哗和骚动"。

不管如何，正像诗人雨果·冯·霍夫曼斯塔尔（Hugo von Hofmannsthal）所言："我们乘时间之翼，抓不住时间之爪。"

3. 人类的社会

前文提过，人类是三位一体的。人受制于且表现出一个族群—个体—社会的三项圆环，各项之间相互依存，相互包含，同时存在于其他项的内部(族群存在于个体，因为个体具有族群的遗传基因和再生产能力；社会存在于个体，因为后者承载了社会的文化、语言和习俗)。

所有社会都遵循既互补又对立的准双重逻辑：一个是面向外部世界，特别是面对敌人时表现的团结一致的社群(Gemeinschaft)逻辑；另一个是和平时期包含竞争、敌对和冲突的社会化(Gesellschaft)逻辑。

4. 人类伦理

教育应当思考人类境遇所具有的个体—族群—社会三重特点，从而引出"人类伦理"。从这个意义上讲，个体和社会的伦理需要一种相互监督机制，即个体监督社会，社会监督个体，也就是民主；21世纪，个体和族群的伦理则呼唤全球居民。

伦理的来源非常多元，却又具有普遍性——都关系到团结和责任，不能通过道德课来教授。当意识到人类既是个体又是族群和社会的组成部分时，我们在思想上就形成了伦理。我们每个人都承载着这种三重现实。因此，一切真正的人类发展都应该是个体的自主性、社群的团结精神及对于人类的归属感的共同发展。

基于此，我们就可以勾画出新千年的宏伟的伦理-政治学目标：在社会和个体之间建立相互监督的关系，建立人类命运共同体。教育不仅应当让我们意识到共同的家园——地球，还应当能够将这种意识转换成全球居民意志。

/ 六、作为法国人 /

　　学习作为一个法国人是法国教育改革的关键之一，特别是在当下这个出现融合危机的时代。法国学校讲授的法国历史在作为移民后代的学生眼中，和来自非洲、马提尼克岛的学生眼中都显得如此陌生，法国殖民史也只会让他们想到奴役和奴隶制；而北非和越南裔学生则不可避免地会想到实现解放的艰难，甚至独立战争的腥风血雨；犹太人在法国大革命时期就已被认可为公民，但今天的反犹分子仍质疑他们的普通公民身份；伊斯兰教徒在法国也感受到对他们日益增加的排斥。

　　与之相对应，法兰西历史的一面虽然重要，却被忽视或轻视。这便是多元文化同一性逐渐形成的历史。这一面印刻在从蒙田到伏尔泰这些思想家的作品中，是印刻在法国大革命中的精神。作为法国人，首先要被法国化。

法国的历史，在法国的历史课上，应该以一种法国化的视角呈现出来。

1. 法国的四次诞生

就像法国小学历史课本里讲的那样，法国的"神话-现实主义"渊源带有一种混合的复杂性特点。法国的第一次诞生是在高卢时期，一直处于四分五裂状态的高卢，在罗马入侵时联合起来，共抗外敌。所以，后来的法国历史就把维钦托利（Vercingetorix）视为第一位民族英雄。然而，高卢在形成后不久就瓦解了，因为维钦托利很快战败身亡，高卢变成了罗马的一部分。但在法国的传说中，罗马没有被视为侵占领土的敌对势力，反而被视为在两种民族相互交融的过程中法兰西第二次诞生的共同缔造者，新的实体恰被称为高卢-罗马，语言和文化都吸收了拉丁元素。

此后，第三次诞生接踵而来，这是在罗马帝国分裂之后的混战时期。克洛维（Clovis）是新生命的神话般的缔造者，这个国王命名了法兰克王国，这一称呼将法国与日耳曼的特征区分开来。在后来的编年史中，克洛维被刻画成在托比亚克战役（496 年）中打败阿勒曼尼人的胜利者；后来他皈依了天主教，在法国兰斯加冕，克洛维也被视为天主教法国的创立者。但事实上，打败阿勒曼尼人的并不是克洛维，法兰克人与阿勒曼尼人原本就同属于日耳曼民族，他们的语言也是日耳曼语。实际上，之所以说克洛维完成了法国的第三次诞生，是因为他将日耳曼民族的存在融入这片土地，并将基督教确立为国教。

第四次，也是法兰西民族真正的诞生，是在公元 987 年，于勒·卡佩（Hugues Capet）建立了卡佩王朝。这次诞生是个悖论，因为准确地讲，卡佩王朝的领地仅限于法兰西岛、奥尔良和桑利斯地区，其他疆土分散在不同的独立贵族手中，他们在族群和语言上各有不同，从布列塔尼伯爵领地到上洛塔林公爵领地，从法兰德斯伯爵领地到普罗旺斯公爵领地。

2. 进一步法国化

卡佩王朝的统治者通过语言同化逐步稳固法兰西。法兰西岛和奥尔良地区的奥依(oil)语方言被强制推广，取代了其他奥依语方言和奥克(oc)语方言，逐渐成为统一的法语。

也就是说，法兰西的形成是几个世纪对不同人民和民族法国化的结果，法兰西的异质性比许多民族——如斯拉夫民族——更为明显。

法国化的过程既温润又强力。一个大的民族的形成离不开混杂和融合。法兰西特质并不意味着外省特征消解，只是将其边缘化，法兰西特质本身也包含融入的外省特征，也就是说，其具有双重性。

法国大革命为法国化确定了共和国的合法性——通过政权的更迭，法国人民最终宣告一个"伟大民族"在 1790 年 7 月 14 日诞生，所有外省的代表也都郑重表达了他们作为一个法国人的意志。从此，法国在本质上包含了一种精神和意志。法国不仅是一种地理存在，还成为一种精神存在，特别是随着《人权宣言》的发表，法国的精神在其本身的独特性中纳入更具广泛性的理念。从此，法国的博爱精神激励了世界上无数被流放者、被侮辱者和被迫害者。

19世纪，法国和普鲁士就阿尔萨斯-洛林地区的争端强化了法兰西民族的精神理念。普鲁士按照语言和文化特征将这块土地视为己有，而法国则根据这块土地上人民的精神和意志将其确认为自己的领土。这就是法国的唯意志和唯精神论，在法兰西第三共和国时期，这种论调战胜了反共和派的种族和血统论，最后，残余的保皇党和排外主义者也逐渐消失了。

3. 移民的法国化

从法兰西第三共和国时期开始一直持续到20世纪的法国化过程有了全新的方式，其出发点不再是附属或归属地，而是来自邻国的移民。那时的法国是欧洲唯一的人口负增长国家，越贫瘠的土地就越会被人抛弃。这种情形吸引了第一批来自意大利和西班牙的移民。所以，法兰西第三共和国制定了法律，允许出生在法国的外籍后裔自动取得法国国籍，并为其父母入法籍提供便利。在法律上融入的同时，世俗的免费义务初级教育体系的建立也促进了精神和心灵的融入。从这个角度看，移民后代结结巴巴地背诵"我们的祖先是高卢人"也不是完全愚蠢的做法。这些传奇的高卢人是反抗罗马入侵的自由人，也是在卡拉卡拉敕令后接受罗马帝国同化的人。在法国化的过程中，孩子们接纳这些先人，这些先人向他们讲述自由和融入，也就是告诉他们如何成为法国公民。

所以，数个世纪的法国化历程造就了法国。在这一过程中，法国大革命将博爱的理念和精神引入法国本质的遗传密码。这就意味着，在这一历史逻辑下，对法国的追根溯源不会是一个排外和封闭的过程。

移民遭受过巨大的痛苦、屈辱，经历过迎接、接纳、友谊，还有拒绝、排斥、蔑视、侮辱。然而，排外主义的做法不能阻挡法国化的进程，通过通婚，经历两代，至多三代的时间，意大利人、西班牙人、波兰人及地中海中东部的犹太人都融入了法国。因此，尽管困难重重，半个世纪以来，推动法国化的共和国大机器一直顺利地运转着。

时至今日，它是否生锈了？是否遇到了无法解决的新问题？

4. 新的困难

　　通过前文，我们已经看到法国化的进程中出现的变化，法国化不再是试图扩张领地，而是着眼于移民的国民化。今天，新的环境似乎又孕育了第二次变化。

　　第一，众多移民中出现了新的宗教和肤色，他们来自巴尔干半岛、北非马格里布地区、撒哈拉以南的非洲及亚洲（如巴基斯坦、菲律宾）。但要注意的是，一旦移民接受了法国公共生活的世俗性，宗教就不再是融入的障碍，这是必要条件。事实上，早期几代犹太人和穆斯林移民都是以个人身份坚持自己的宗教信仰的，和其他天主教徒一样。还要注意到的是，一些居住在法国海外省的非洲人、克里奥尔人，以及越南人和中国人已经入了法国籍。入籍规模的扩大让我们意识到多民族、多文化已经成为一个新的法国特征，正如北美和南美国家已经具有的特征，法国也可能将全球范围内的多元文化特征融入本国的原则。

第二，法国已步入一个面貌多样的身份危机时代。地方与国家的双重身份不再和谐共存，经济全球化过程中的趋同发展威胁着地方身份。因此，从20世纪60年代起，打着保卫受到威胁的地方身份的旗号，法国人掀起了一场场保护语言、经济和文化的地方主义运动。虽然表现方式不同，但移民同样有这个问题，他们希望在享受法国文明成果的同时也不失去自己的身份。因此，法国身份应保持其双重性（包括面对法国本土的公民），今后都要以一种谨慎的态度尊重民族和文化的多样性，这必将超越一刀切式的雅各宾主义。

第三，今天法国化的问题出现在城市文明危机的大背景下。广大法国群众都经历了这一危机，它滋长排外和挑衅，助长了新移民中间封隔的种族聚居区的发展，搞"老乡"内部团结，建立封闭的青少年族群小团体。这些做法都强化了彼此之间的敌对状态，形成恶性循环，给社会融合造成了诸多障碍。

第四，从阿尔及利亚民族解放战争到海湾战争，以及新出现的宗教极端主义，阿拉伯和西欧国家再次出现周期性的紧张态势，且没有平息。同时中东危机，如巴以冲突及伊拉克、利比亚、叙利亚面临的动荡，都威胁着我们的未来。无声却令人恐惧的压力，或者彼此之间的仇恨，都构成了穆斯林移民深层次融合中的无形障碍。

第五，大批南欧和东欧的穷苦移民纷纷涌进法国，在当今这个深陷失业泥潭、面临危机的社会，担忧情绪促生了盲目排外。这就带来一个问题：在今天，在政治衰退中出现了如此多可能引发排外主义和种族主义的心理、社会和经济条件，法国化的进程还能否继续？

5. 法国的多彩

首先，我们来看看与可接纳移民比例相关的各类抽象量化指标。强大的文化可以吸收大量的移民，例如，20世纪初期以来，只有200多万居民的加泰罗尼亚同化了600万非加泰罗尼亚人口，加泰罗尼亚文化的力量在于它是一种城市文化，他们的语言都是资产阶级和知识分子的语言。法国文化也很强大，它也是一种城市文化，鼓励在工作、饭馆和娱乐场所的各种际遇(通过一场法国足球赛的胜利就可以看到如何在当下暂时性地将非洲人和阿拉伯人法国化);这种文化还包含着一个普及且仍然强大的教育体系。这是一种带有非宗教特征的公共文化,这种世俗性足以从政治和心理上融合民族的多样性。世俗文化既构成了法国最根本的特点之一,也是移民融入法国的必要条件。

但是,我们不应再把文化一致性与世俗性关联在一起。相反,我们应当把抛弃文化的雅各宾主义同与时俱进的世俗性联系起来。这样,我们的文化就可以更多地释放出其潜在的普遍性,接受一个"多民族多文化的法国"的概念,这个法国向各种肤色的人敞开怀抱,形成法国的颜色;也就是说,形成一种颜色。

美国拥有一种在本质上与法国不同的强大文化。这种文化建立在宪法原则的基础上,建立在追求成功的美国梦的基础上,建立在影视宣传的统一风俗、喜好、言谈举止的基础上;即使有极大的混乱、暴力和不公平,美国文化仍然能够吸纳大量不同族群的移民,造就美国人。法国跟美国不同,法国是通过持续了数千年的法国化历史建立并发展起来的。不少欧洲国家都有自己的历史，长期以来都是移民迁出国，也不了解如何同化外来移民，而美国在本质上是一个移民迁入国，法国则处于两者之间。

因此，从原则上讲，问题不在于移民数量的多少，而在于如何保持法国文化和文明的力量。这也与法国社会未来的问题密不可分。

前文已经谈过，城市文化和教育是促进移民法国化的基本要素。然而，法国的城市处于危机中，教育僵化不前。文明的衰落既是法国社会的根本问题，也是法国化的根本问题。

强大的文化可以融合，但绝不是在严重的经济和道德危机下。时至今日，万事相互关联，包括政治、经济、文明。人们开始看到城市、郊区、住房、分裂、年轻人、毒品、移民、失业者之间的联系，尽管每个问题各自具有特殊性。

阿维森纳（Avicenne）在希波克拉底之后曾说过，治病不能治标不治本。但他也讲过，当病入膏肓时，消除症状是第一要务。因此，法国今天要先缓解症状（住房、贷款、娱乐、体育等），但也不能因此忘了根本性的问题，这需要建立一种根本性的政治——文明的政治。

文明的政治旨在革新城市，重塑团结，激活或重新激活社交，复兴教育。这几条不是解决问题的办法，但指明了道路。

法国不应该排除这样的假设，即法国被这些连锁性的危机吞没，到那个时候，经济、社会、政治的退步将造成法国化进程的停滞。经济、社会或政治的进步本身，则可以推动法国化的进程。

最后，有必要将移民的问题放在欧洲框架下讨论。今天，几乎所有欧洲国家都深陷人口危机，西欧和北欧国家都依靠移民。因此，法国的入籍和教育融合挂钩的模式可以变成一种欧洲模式，帮助欧洲实现人口壮年化，保障全球范围的未来的新环境。此外，欧洲公民的身份使移民能够获得新的多重身份，同时将其非欧洲的血统背景本土化。即使在这个欧洲框架内，法国仍会保持其独特性，因为——要再强调一次——法国的历史与法国化的历史相互交织。

另外，对于未来的展望必须追本溯源。这就是法国人坚信的延续千年历史的法国、革命的法国、共和的法国，也是延续法国化的进程。要在欧洲一体化的进程中保持法国的特性。

　　然而，这样的延续需要的不仅是政治和文化的深层复兴，还需要教育的深刻再生。总之，道路是漫长的，困难重重，充满风险，还会充满血与泪。

/ 总结：爱的再生 /

凡是无法自我再生的，都将退化。

——埃德加·莫兰①

革新之前从不存在预先的共识。我们不从某个中庸的观点出发，这不是民主，而是平庸。我们从创造的激情出发。所有带来变化的革新都源于"变"，如宗教、现代科学、社会主义的产生都符合这一现象。这种变化在推广的同时变成一种趋势，然后成为一种历史力量。我们需要一场教学革命，就像 19 世纪初在柏林发生的现代大学革命一样，如今也正是这些现代

---

① 埃德加·莫兰 2001 年 7 月在联合国教科文组织的研讨会上的发言。

大学需要革命，在保留其成果的同时引入与我们各类根本问题相关的复杂知识。正是这整个建立在大学学科模式之上的，自然科学和人文科学相互分离的当代教育体系，要在这个方向上进行改革。

总之，互联网带来了一场知识获取方式的野蛮革命，且革命仍在顺势蔓延。这场革命影响着经济、人际关系及教育本身。越来越多的知识、文学作品、音乐作品可以免费获取，在全球范围内免费传播知识和艺术也逐渐成为现实。这一方面为我们扩大了文化民主，另一方面也迫使我们重新思考整个教育体系。尽管有视频、即时通信应用程序及其他各类通信工具，但互联网仍然缺乏教育者物理的、肉体的、精神的、主动的、反应的和反馈的存在，教育者不像助手，而像"乐队指挥"，可以引导学生对网上的知识进行思考、批判和重组。应该引入"乐队指挥"Éros 式爱的本能，来推广这一革命，各个学段的教师都应该并且可以引领这场知识和思想的教学革命。除了这样的"乐队指挥"，谁还能与学生持续对话，细致地讲解错误、假象及缩水或残缺的知识构成的陷阱呢？如果不是在相互理解的沟通中，还有谁会讲授人文理解？还有谁会通过鼓励和激励切实地引导他人去面对不确定性？还有谁怀着积极的人道主义引导人以人为本？还有谁会心怀对统一且多元的法国的爱，帮助人们去理解法国的多元文化本质，从而推动法国化的进程？

这一"乐队指挥"的概念颠覆了课堂本身。教师不再将向学生传授知识作为首要任务。只要有了作业或口语测试的题目，学生就能从互联网、书本、杂志和其他所有有用的资料中挖掘出相关的材料，再把这些内容呈现给教师。而作为真正的"乐队指挥"，教师要做的是纠正、评论、评价学生所学，通过与学生对话，让学生能够就所学的主题真正做出反思性总结。

除了当下的大中小学校，还应该在成人继续教育中开展同样的工作。无法想象，在过去服兵役的法国社会，不管男女公民每年都要完成28天的学习，包括知识的复习和更新及自我审查的心理健康训练。

现在读者能够感受到了。教育改革的目的最终是要实现每个人，特别是教育者和受教育者的"美好生活"，这就需要唤起双方爱洛斯式爱的本能。这是有可能的，因为这种本能早已潜藏在他们身上。对于那些深感肩负教育使命的人来说，爱的本能就在他们传授知识的热情中，就在他们教育年青一代的热情中。对于儿童和青少年来说，他们对各类事物怀有多么美妙的好奇心，却经常因为教育把现实世界切割得支离破碎而感到失望。在符号学时代，甚至连文学都变得令人厌恶。好奇心或许会在求知欲中再次被激发①，不仅要依靠富有爱的本能的教师，还要通过生动有趣内容的教学，正如关于七种知识②及关于文明教育的内容。

当然，只有当我们引导并教育一个课堂上的两个群体相互理解时，或者从更广义上讲，当让新一代能够普遍理解他人，并承认他人既是自己的同类又与自己相异时，这一切才有可能实现。

元认知和元理解是两个关键词。元认知可以让教

---

① Philippe Meirieu, *Le Plaisir d'apprendre*, Autrement, 2014, et Britt-Mari Bath, *Élève chercheur, enseignant médiateur, Donner du sens aux savoirs*, Retz, 2013.

② 莫兰强调未来教育应弥补七个"黑洞"，也就是教育中应该具备包括人的同一性、不确定性等七种知识。可参考莫兰给联合国教科文组织的建议书《未来教育所必需的七种知识》。——译者注

育者和受教育者彼此准确地发现各自的错误，后者在未来将成为第一批受到清醒模式训练的成年人。理解可以帮助他们发现、承认并很好地克服身上的错误，对于第一批受到理解自己和他人的教育的未来成年人来说，这将是难能可贵的。

理解是仁爱之母。理解是构成社会全部生活的关键美德的源泉，它代表着认可完整的人性及他人完全的尊严。

理解、仁爱和认可不仅能让我们更好地处理师生关系、权威关系及各种人际关系，还能帮助我们克服对待别人时最严重、最恶劣的道德缺陷——侮辱。

冲突不可能被完全消灭，但可能通过理解被弱化或克服。消除一切对立的和谐是不可能的，甚至不应对此抱有幻想。

不过，如果能少走弯路、增进理解，那么就是在道德上取得巨大进步！这将是人类进化的延续！

这里再次强调所有改革之间是相互依存的。

知识和思想的改革依赖于教育的改革，反之亦然。教育的复兴依赖于理解的再生，而后者离不开激活爱的本能，爱的本能离不开人际关系，而人际关系又依赖于教育的改革——所有改革相互依存。这或许看起来会是一个令人失望的恶性循环。但应当构建起一个推动两种处世之道相结合的良性循环。

一是减少自我欺骗，增进理解，直面不确定性，认识人类境遇，了解经济全球化的世界，从一切道德的源泉——团结精神和责任——中汲取营养。

二是帮助我们在文明中自我定位，认识到文明深处的那一部分，就像冰山一样，文明潜在的部分要比露出的一角更重要。只有这样，才能帮助我们自我防御、自我保护，并保护身边的人。

保持要在 21 世纪完成"学会生活—思考—行动"的历史使命的决心，所有这一切都在推动一个伟大的良性循环。

这将不仅是一场改革，它比革命更丰富。这将是一次蜕变。

/ 作者主要著作^① /

方法

《天然之天性》(卷一)，色伊出版社，1977 年。
2014 年再版，收录于"观点"文集。

《生命之为生命》(卷二)，色伊出版社，1980 年。
2014 年再版，收录于"观点"文集。

《认知的认知》(卷三)，色伊出版社，1986 年。
2014 年再版，收录于"观点"文集。

---

① 为方便大多数读者了解本书的作者莫兰，译者将其著
作名称和其他相关信息均翻译为中文；同时将原来的法文文献
信息附后，以方便能阅读法语文献的读者寻找和阅读文献。

《思想观念》(卷四)，色伊出版社，2014 年。

《人类之为人类：人类的本征》(卷五)，色伊出版社，2001 年。2014 年再版，收录于"观点"文集。

《伦理》(卷六)，色伊出版社，2004 年。2014 年再版，收录于"观点"文集。

LA NATURE DE LA NATURE (t. 1), Éditions du Seuil, 1977. Nouvelle édition, coll. "Points", 2014.

LA VIE DE LA VIE (t. 2), Éditions du Seuil, 1980. Nouvelle édition, coll. "Points", 2014.

LA CONNAISSANCE DE LA CONNAIS-SANCE (t. 3), Éditions du Seuil, 1986. Nouvelle édition, coll. "Points", 2014.

LES IDÉES (t. 4), Éditions du Seuil, 2014.

HUMANITÉ DE L'HUMANITÉ. L'IDENTITÉ HUMAINE (t. 5), Éditions du Seuil, 2001. Nouvelle édition, coll. "Points", 2014.

ÉTHIQUE (t. 6), Éditions du Seuil, 2004. Nouvelle édition, coll. "Points", 2014.

复杂性思想

《自觉的科学》，法雅德出版社，1982 年。1990 年再版，收录于色伊出版社"观点"文集。

《社会学》，法雅德出版社，1984 年。1994 年评注修订本收录于色伊出版社"观点"文集。

《围绕埃德加·莫兰对于方法的论证：塞里希研讨会论文集（1986 年 6 月）》，色伊出版社，1990 年，丹尼尔·布诺、让-路易·勒·莫涅、塞尔吉·浦路主编。

《复杂性思想导论》，ESF 出版社，1990 年。2001 年再版，收录于色伊出版社"观点"文集。

《复杂性的理解》（与让-路易·勒·莫涅合著），阿尔玛丹出版社，收录于"认知与教育"文集，1999 年。

SCIENCE AVEC CONSCIENCE, Fayard, 1982. Nouvelle édition, Éditions du Seuil, coll. "Points", 1990.

SOCIOLOGIE, Fayard, 1984. Nouvelle édition revue et augmentée, Éditions du Seuil, coll. "Points", 1994.

ARGUMENTS POUR UNE MÉTHODE AU-TOUR D'EDGAR MORIN : COLLOQUE DE CERI-SY [juin 1986] , Éditions du Seuil, 1990. Sous la direction de Daniel Bougnoux, Jean-Louis Le Moigne, Serge Proulx.

INTRODUCTION À LA PENSÉE COM-PLEXE , ESF, 1990. Nouvelle édition, Éditions du Seuil, coll. "Points" , 2001.

L'INTELLIGENCE DE LA COMPLEXITE (avec Jean-Louis Le Moigne), L'Harmattan, coll. "Cognition & formation" , 1999.

人类-社会学

《人和死亡》，科瑞亚出版社，1951 年。1976 年再版，收录于色伊出版社"观点"文集。

《电影或想象的人》，子夜出版社，1956 年。1978 年再版。

《迷失的范式：人性研究》，色伊出版社，1973 年。1991 年再版，收录于色伊出版社"观点"文集。

《人的统一性》(与马斯莫·皮雅特里帕尔玛里尼合著)，色伊出版社，1974 年。1978 年再版，收录于"观点"文集第三卷。

L'HOMME ET LA MORT, Corrêa, 1951. Nouvelle édition, Éditions du Seuil, coll. "Points", 1976.

LE CINÉMA OU L'HOMME IMAGINAIRE, Éditions de Minuit, 1956. Nouvelle édition, 1978.

LE PARADIGME PERDU: LA NATURE HUMAINE, Éditions du Seuil, 1973. Nouvelle édition, coll. "Points", 1991.

L'UNITÉ DE L'HOMME (avec Massimo Piatelli-Palmarini), Éditions du Seuil, 1974. Nouvelle édition, coll. "Points", 3 vol., 1978.

我们的时代

《德国的零年》，环球城市出版社，1946 年。

《电影明星》，色伊出版社，1957 年。1995 年再版，收录于"观点"文集。

《时代精神(卷一)：神经症》，格拉塞出版社，

1962 年。1983 年再版，收录于"文献书目"合集。

《时代精神（卷二）：坏死》，格拉塞出版社，1962 年。1983 年再版，收录于"文献书目"合集。

《法国的乡镇：普罗德韦的变迁》，法雅德出版社，1967 年。2013 年再版更名为《法国的乡镇：普罗泽韦的变迁》。

《五月风暴的裂缝：对事件的初步思考》（与让-马克·古德利、克劳德·勒弗特合著），法雅德出版社，1968 年。2008 再版更名为《五月风暴的裂缝：二十年之后》（与科内利乌斯·卡斯托里亚迪斯、克劳德·勒弗特合著），法雅德出版社。

《奥尔良谣言》，色伊出版社，1969 年。2010 年再版，与《亚眠谣言》（克劳德·菲仕乐著）一起收录于"观点"文集。

《为着走出二十世纪》，纳唐出版社，1981 年。2004 年再版更名为《为着走进二十一世纪》，收录于色伊出版社"观点"文集。

《反思欧洲》，加利玛出版社，1987 年。1990 年再版收录于"Folio"文集。

《新的开端》（与莫罗·瑟鲁提、詹鲁卡·博基合著），色伊出版社，1991 年。

《地球-祖国》[与安娜-布丽吉特·肯恩（Anne-Brigitte Kern）合著]，色伊出版社，1993 年。2010 年评注修订本收录于"观点"文集。

L'AN ZÉRO DE L'ALLEMAGNE, éditions de La Cité universelle, 1946.

LES STARS, éditions du Seuil, 1957. Nouvelle édition, coll. "Points", 1995.

L'ESPRIT DU TEMPS (t. 1), *Névrose*, Grasset, 1962. Nouvelle édition, coll. "Biblio Essais", 1983.

L'ESPRIT DU TEMPS (t. 2), *Nécrose* (avec Irène Nahoum), Grasset, 1962. Nouvelle édition, coll. "Biblio Essais", 1983.

COMMUNE EN FRANCE: LA MÉTAMORPHOSE DE PLODEMET, Fayard, 1967. Nouvelle édition, sous le titre *COMMUNE EN FRANCE: LA MÉTAMORPHOSE DE PLOZÉVET*, Pluriel, 2013.

MAI 1968, LA BRÈCHE: PREMIÈRE RÉFLEXIoN SUR LES ÉVÉNEMENTS (avec Jean-Marc Coudray et Claude Lefort), Fayard, 1968.

Deuxième édition, *MAI 1968: LA BRÈCHE* ; suivi de *VINGT ANS APRÈS* (avec Cornélius Castoriadis et Claude Lefort), Fayard, 2008.

LA RUMEUR D'ORLÉANS, Éditions du Seuil, 1969. Édition complétée avec *LA RUMEUR DA-MIENS*, de Claude Fischler, coll. "Points", 2010.

POUR SORTIR DU XXe SIÈCLE, Nathan, 1981. Nouvelle édition, Éditions du Seuil, coll. "Points", 2004, sous le titre *POUR ENTRER DANS LE XXIe SIÈCLE*.

PENSER L'EUROPE, Gallimard, 1987. Nouvelle édition complétée, coll. "Folio", 1990. *UN NOU-VEAU COMMENCEMENT* (avec Mauro Ceruti et Gianluca Bocchi), Éditions du Seuil, 1991.

TERRE-PATRIE (avec Anne-Brigitte Kern), Éditions du Seuil, 1993. Nouvelle édition augmentée, coll. "Points", 2010.

政治

《人本政治导言》，色伊出版社，1965 年。1999年再版，收录于"观点"文集。

《文明的政治》(与萨米·那伊尔合著)，阿尔勒阿出版社，1997 年。

《道路，为了人类的未来》，法雅德出版社，2011 年。

《希望之路》(与斯蒂芬·赫瑟尔合著)，法雅德出版社，2011 年。

INTRODUCTION À UNE POLITIQUE DE L'HOMME，Éditions du Seuil，1965. Nouvelle édition, coll. "Points", 1999.

UNE POLITIQUE DE CIVILISATION（avec Sami Naïr），Arléa, 1997.

LA VOIE: POUR L'AVENIR DE L'HUMANITÉ，Fayard, 2011.

LE CHEMIN DE L'ESPÉRANCE（avec Stéphane Hessel），Fayard, 2011.

/ 译后记：复杂性思想下为了美好生活的教育变革宣言 /

法国哲学家埃德加·莫兰曾被定义为"无边界的哲学家"，或许只有这种"不守规矩"地关注过各类领域的学者才能够发展出复杂性思想①。莫兰早期的研究领域是社会学，同时作为一名左翼社会活动家，他曾参与反纳粹的斗争，支持阿尔及利亚的独立运动，创办政治评论杂志(1957—1962)等。受到马克思主义的影响，莫兰一直意图把自然科学与人类科学联结起

---

① 法国有本描述莫兰的书是《埃德加·莫兰：不守规矩的哲学家——一位无边界的思想家的历程》(*Nicolas Truong*, *Edgar Morin*, *le philosophe indiscipline-itineraire d'un penseur sans frontieres*)。法语中 indiscipline 既有"没有学科的(约束)的"意思，也有"不守规矩"的意思。

来，在广泛吸收多学科研究成果的基础上，莫兰逐步建立起了他的"整体人类学"，并发展出类似于哲学认识论的复杂性思想。

1. 教育与美好人生

教育一直是莫兰非常关注的一个领域。1997 年，他曾担任法国中学教育改革学术委员会主席。《构造得宜的头脑》(1999)、《未来教育所必需的七种知识》(1999)、《大学，未来何如?》(2003)等都是莫兰关于教育的重要出版物。莫兰对教育的关注与其对人类整体命运的思考密切关联：教育是思想改革的重要途径，也是人类美好生活的基础。

《教育为人生》一书是莫兰从复杂性思想出发讨论当今教育问题的一部作品。他借用了卢梭"教育为人生"的提法，却又不限于将"生活"的概念引入教育。他不仅关注教育内部暴露出的诸多危机，更是深入剖析了危机何来、教育何从的问题。莫兰主张，教育是复杂系统的组成部分，教育需要从人所具备的"个体—社会—族类"三重性出发。教育的目标是思想的变革，是教授一种处世之"道"，从而可以让人获得自主性，能够辨识进而避免偏颇和错误，实践对他者的理解，学会"生活"，学会如何面对人生的"不确定性"。

莫兰批评西方将"占有"更多等同于美好生活。他指出，技术的发展提高了生活水平而非生活质量，"物质享受的提升也使得精神和道德的病态不断滋生"。这一点我们很容易感同身受，正如"996"换来的收入增长不一定能提升幸福感，网络促进了知识传播也培养了"键盘侠"和"宅"文化。是时候要深入反思怎样才是为了美好生活的教育了。

莫兰指出，教育应该克服分裂并建立联结。这种分裂表现为主客体的分裂，也表现为"完整的"知识被分离在箱格化、碎片化的学科中，"自然科学文化和人文科学文化之间缺乏交流、相互蔑视"，今天，自然科学文化在内容和方法上占了上风，破坏了教育的内部生态。因此，莫兰倡导在教育中引入一种新类型的科学：生态学、地球科学和宇宙学，用跨学科的思维去"关注到人类与自然、人类与地球母亲之间重大而且紧迫的问题"。

教育应该克服"绝对化"并加强理解。传统科学痴迷"确定的"直线因果，也影响到学校建立"量化驱逐质性"的评估文化。教育生活中出现的诸多问题，如学业失败、师生矛盾、校园暴力，都需要通过加强理解，建立对话的伦理学，推动师生、生生、家校、学校与社会之间的合作去解决。"理解"不仅是认知概念上的理念，更是对人性的理解(对自己的理解和对他者的理解)、对世界的理解(历史的和环境的)、对元认知的理解(包含对不理解的理解)。

莫兰将生活描述为一场冒险，未来的生活充满着"不确定性"，"肩负教育责任的主体有必要走在当今时代不确定性的前沿"。莫兰建议在传统能力培养之外，将"不确定性"纳入教育的范畴：一方面，科学的进步离不开"不确定性"；另一方面，"为人生"的教育也需要帮助人们建立自主性，建立迎接"不确定性"的处世之道。

2. 莫兰和他的复杂性思想

莫兰的复杂性思想主要包括如下几条重要的概念和原则。第一，系统："以组织的形式存在意味着整体大于各部门之和；或者换句话说，一个有组织的整体(系统)能够产生或促进产生分离的部分所不具有的新特征—(新思想或新现象)的迸发"。第二，循环因果：正如个体创造社会，社会造就个体一样，原因导致结果，而结果又反作用于原因；在此基础上就促进了自我组织、自我生产和自主性，同时自主性的建立又离不开作为基础的环境。第三，辩证逻辑(或二重逻辑)，即统一性的内部具有二元性：在复杂的现实中，对立或相互排斥的两个原则或概念也是互补且不可分离的。第四，全息原则："部分存在于整体中，整体也存在于部分中"，正如我们推动了全球化的发展，而全球化也存在于我们每个人的身上。

"莫兰倡导的复杂性思想既有综合性，又有具体性；既有网络性，又有纵深性；既有历史性，又有前瞻性"[1]。这种思想指出了古典科学所推崇的线性因果、还原论、决定论等方法在面对复杂现实时暴露出的局限和不足。碎片化的、割裂的、倾向于量化的思

---

① 乐黛云：《快乐的对话：漫谈埃德加·莫兰的"复杂性思维"》，载《中国比较文学》，2012(2)。

维和认知模式只会"头疼医头、脚痛医脚",导致片面的错误;分离简化的思维削减了人们反思、综合思考的意愿,发展出"盛行的"技术主义、利己主义、经济决定论、人类中心主义等。

复杂性思想不仅是方法,也是世界观。从《人与死亡》(1948)、《人类政治学导论》(1965)到六卷本的《方法》(1977—2004),从《为了走出 21 世纪》(1981)、《为了文明的政治》(2002)到期颐之作《世纪课堂》(2021),莫兰一直秉持复杂性思想关注人性,关注生活,关注文化,关注现代化与全球化。

在新冠疫情席卷全球时,莫兰再次为人类的发展敲响警钟。他犀利地批评西方模式给当今世界带来的危机,特别是"文明的危机":经济危机引发教育危机、社会危机、(西方)民主危机,教育危机、社会危机、(西方)民主危机的蔓延又加剧了经济危机,形成危机的螺旋。复杂性思想为解除危机提供良药。2021年,在联合国教科文组织为庆祝莫兰百岁诞辰举办的活动中,莫兰指出,走出危机的前提是认识到全球化时代人类是命运的共同体。

3. 译者与本书

译者最早读到埃德加·莫兰，还是 20 年前在北京大学读书时。时任西语系系主任秦海鹰教授刚完成《方法·思想观念》的翻译不久，在语言学课堂上提及莫兰思想中的"对话"原则，可惜当时沉迷在结构主义诗学中的我，没能理解莫兰的宏大叙事，错过了这位中西贯通、融汇八方的伟大学者。再读莫兰的时候，我已转行开展教育研究，莫兰的复杂性思想及其有关教育的论述再次如思想的闪电发人深省。机缘巧合的是，由于教育学科的背景，我被推荐担任本书翻译，如此得以更近距离地"得其用心"，在翻译的过程中进一步认识莫兰的思想。

莫兰曾于 2013 年在世界教育峰会上发言，当年的峰会主题即为"为生活重塑教育"，本书于 2014 年 9 月在法国出版，其中的观点近些年可见诸国内学者的论著之中，本书译稿几年前完成后，一直在等待出版。2021 年，我和出版社都认为复杂性思想是理解新冠疫情的一剂良药，本书的出版正当其时。在出版社周益群老师的鼓励下，书稿付梓前，我给已百岁高龄的莫兰先生发信告知其中文版即将问世的消息，竟在同日收到了先生的回复。在谈到莫兰思想中与中国文化的契合点时，先生毫不掩饰地表达了自己对中国传统思想，特别是道家思想的喜爱。

莫兰的思想博大精深，译读过程实乃一场思想的洗礼。其中，个人感兴趣的是莫兰部分思想与中国文化和智慧产生的共鸣（莫兰本人认为东西文化仍有共鸣或共同点，可深入接触的表述），借此分享几点拙见。

首先，莫兰指出，农业发展之后，特别是大规模工业生产以来，我们习惯将自然作为客体，并按照人的主观利益和意志加以改变，"人类活动破坏了生态系统和更广范围的生物圈"。莫兰认为有必要推广生态科学，以促进有关人与自然关系的思考。这种思考恰与中国传统思想提倡的"天人合一"不谋而合。正如《道德经》所言"将欲取天下而为之，吾见其不得已。天下神器，不可为也，不可执也。为者败之，执者失之"。天人合一、顺应自然恰是中国发展生态文明、寻求永续发展之路的思想基础。

其次，莫兰描述的"大叙事"，从历时的角度看，人类的历史经历了多个阶段，其过程是连续又断裂，必然又偶然的；从共时的角度看，人类的发展是多元的，没有哪个文化是单一存在的。由此，莫兰在书中多次提到"命运共同体"的概念，并提倡通过理解促进共生发展，这一点恰又与中国传统文化中的"和合共生"，以及习近平总书记提出的"构建人类命运共同体"的价值相合。对于中国读者来说，我们比较容易接受万物普遍联结，世界和而不同的观点，也能够认同不抽离文化地理解他者。

最后，莫兰呼吁将"不确定性"纳入今天的教育。事实上，从洛伦兹到费曼，从普利高津到 2021 年诺贝尔物理学奖得主，20 世纪中叶逐步发展起来的复杂系统科学一直关注非线性复杂问题，关注"不确定性"。莫兰指出，"不确定性"是科学的核心，也是生活的本质。然而，工业文明下发展出的教育将知识条块分割，以培养大量产业工人为目标，采取最经济的"制式化"的模式开展教育。这种教育推崇"标准化"评价方式，推崇"确定"的结果。这种教育使得人们在面对突发或变局时陷入困顿，也缺乏准备和信心去面对未来的生活，因此教育要让人们学会"穿越确定性的群岛，在不确定性的海洋中航行"。

译读过程中还有一种强烈的感受，就是经历了世纪变迁的莫兰先生在面对当今发展之弊时所具有的乐观和惊醒的态度。借助中国儒家思想"仁爱"的理念，他相信教育可以促进思想和知识的变革；怀着一颗兼济天下之心，他鼓励人们战胜危机，团结进步，共向"美好生活"。

希望通过本书的出版可以让更多中国读者了解莫兰及其复杂性思想，特别是站在译者专业的角度出发，可以对更多的教育工作者和关心教育变革的人有所启发。最后，在向莫兰先生致敬的同时，还要衷心感谢支持本书出版的各位朋友，她们是北京师范大学出版社周益群老师，我的学生/朋友王丽媛博士，法国驻华使馆的金瑞玲女士以及法国国家科研中心的朋友们。

刘　敏
2022 年夏于北京

图书在版编目(CIP)数据

教育为人生：变革教育宣言/(法)爱德加·莫兰著；刘敏译
.—北京：北京师范大学出版社，2022.9(2024.8重印)
ISBN 978-7-303-27486-4

Ⅰ.①教… Ⅱ.①爱… ②刘… Ⅲ.①教育－研究
Ⅳ.①G51

中国版本图书馆 CIP 数据核字(2021)第 252069 号

北京市版权局著作权合同登记号：图字 01-2022-4238

图书意见反馈 gaozhifk@bnupg.com 010-58805079

JIAOYU WEI RENSHENG:BIANGE JIAOYU XUANYAN
出版发行：北京师范大学出版社 www.bnupg.com
　　　　　北京市西城区新街口外大街 12-3 号
　　　　　邮政编码：100088
印　　刷：保定市中画美凯印刷有限公司
经　　销：全国新华书店
开　　本：890 mm×1240 mm 1/32
印　　张：5
字　　数：70 千字
版　　次：2022 年 9 月第 1 版
印　　次：2024 年 8 月第 3 次印刷
定　　价：42.00 元

策划编辑：周益群　　　　　责任编辑：刘　溪
美术编辑：李向昕　　　　　装帧设计：李向昕
责任校对：张亚丽　　　　　责任印制：马　洁

Enseigner à vivre

Editions Actes Sud, Arle, ACTES SUD/PLAY BAC,2014

Current Chinese translation rights arranged throngh Divas International, Paris

巴黎迪法国际版权代理(www. divas-books. com)